TechMaths
VOIE TECHNOLOGIQUE

Cahier d'automatismes 1re Tle

Enseignement commun DE MATHÉMATIQUES

Nicolas Krzewina
Professeur au lycée Guillaume Apollinaire à Thiais

David Lafolie
Professeur à l'IUT de Reims

RETROUVEZ LES CORRIGÉS
DE TOUS LES EXERCICES SUR LE SITE :

lyceen-bactechno.nathan.fr

Nathan
TECHNIQUE

SOMMAIRE

Les automatismes traités uniquement en Terminale sont en italiques.

Chapitre 1 - Proportions et pourcentages

Chapitre 2 - Taux d'évolutions et indice

Chapitre 3 - Calculs numériques

Chapitre 4 - Calculs algébriques

Chapitre 5 - Fonctions et représentations

Chapitre 6 - Statistiques et représentations

Comme au Bac

ISBN : 978-2-09-167096-6

1 CALCULER, APPLIQUER, EXPRIMER UNE PROPORTION SOUS DIFFÉRENTES FORMES (DÉCIMALE, FRACTIONNAIRE, POURCENTAGE)

- Calculer t % d'un nombre, c'est multiplier ce nombre par $\frac{t}{100}$.
- On considère un ensemble A et un sous-ensemble B de A.

  La proportion de B dans A est le nombre p égal à : $\frac{\text{Nombre d'éléments de B}}{\text{Nombre d'éléments de A}}$.

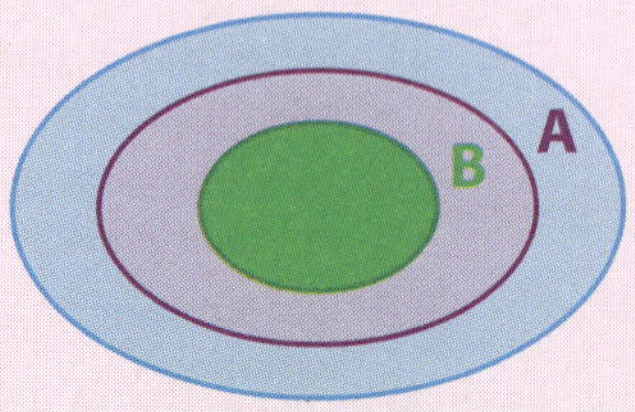

ASTUCE

Une proportion est un nombre compris entre 0 et 1. Lorsqu'elle est exprimée sous forme fractionnaire, le numérateur est toujours inférieur au dénominateur.

POUR BIEN DÉMARRER

01. En vous inspirant de l'exemple suivant, mettre sous forme de fraction irréductible les différentes proportions proposées.

Exemple :

$$0{,}12 = \frac{0{,}12}{1} = \frac{0{,}12 \times 100}{1 \times 100} = \frac{12}{100} = \frac{12 \div 4}{100 \div 4} = \frac{3}{25}$$

a. $0{,}48 = \frac{\ldots\ldots}{1} = \frac{\ldots \times \ldots}{1 \times \ldots} = \frac{\ldots\ldots}{\ldots\ldots}$

$= \frac{\ldots\ldots}{\ldots\ldots} = \frac{\ldots\ldots}{\ldots\ldots}$

b. $0{,}72 = \frac{\ldots\ldots}{1} = \frac{\ldots \times \ldots}{1 \times \ldots} = \frac{\ldots\ldots}{\ldots\ldots}$

$= \frac{\ldots\ldots}{\ldots\ldots} = \frac{\ldots\ldots}{\ldots\ldots}$

c. $0{,}225 = \frac{\ldots\ldots}{1} = \frac{\ldots \times \ldots}{1 \times \ldots} = \frac{\ldots\ldots}{\ldots\ldots}$

$= \frac{\ldots\ldots}{\ldots\ldots} = \frac{\ldots\ldots}{\ldots\ldots}$

d. $0{,}7 = \frac{\ldots\ldots}{1} = \frac{\ldots \times \ldots}{1 \times \ldots} = \frac{\ldots\ldots}{\ldots\ldots}$

$= \frac{\ldots\ldots}{\ldots\ldots} = \frac{\ldots\ldots}{\ldots\ldots}$

e. $0{,}62 = \frac{\ldots\ldots}{1} = \frac{\ldots \times \ldots}{1 \times \ldots} = \frac{\ldots\ldots}{\ldots\ldots}$

$= \frac{\ldots\ldots}{\ldots\ldots} = \frac{\ldots\ldots}{\ldots\ldots}$

02. En vous inspirant de l'exemple suivant, mettre sous forme décimale les différentes proportions proposées.

Exemple : $17\ \% = \frac{17}{100} = 17 \div 100 = 0{,}17$

a. $67\ \% = \frac{\ldots\ldots}{\ldots\ldots} = \ldots \div \ldots = \ldots$

b. 5 % = ...

c. 100 % = ...

PAS À PAS

03. Calculer 25 % de 560, c'est multiplier 560 par :

....

Soit $\frac{\dots\dots}{\dots\dots} \times 560 =$ ....

04. Calculer 5 % de 240, c'est multiplier 240 par :

....

Soit $\frac{\dots\dots}{\dots\dots} \times 240 =$ ....

05. Calculer 60 % de 150, c'est multiplier 150 par :

....

Soit $\frac{\dots\dots}{\dots\dots} \times 150 =$ ....

06. Dans un club de 250 adhérents, 40 personnes jouent au tennis.

a. La proportion des joueurs de tennis de ce club, écrite sous forme d'une fraction irréductible, est :

$p = \frac{\dots\dots}{\dots\dots} =$

b. Écrire p sous forme décimale.

....

c. Écrire p en pourcentage.

....

07. Dans une classe de 32 élèves de Terminale technologique, 24 ont eu leur baccalauréat avec mention.

a. La proportion des mentions dans cette classe, écrite sous forme d'une fraction irréductible, est :

$p = \frac{\dots\dots}{\dots\dots} =$

b. Écrire p sous forme décimale.

....

c. Écrire p en pourcentage.

....

08. Sur 150 contrôles de vitesse, la police nationale a verbalisé 60 conducteurs.

a. La proportion des conducteurs verbalisés, écrite sous forme d'une fraction irréductible, est :

$p = \frac{\dots\dots}{\dots\dots} =$

b. Écrire p sous forme décimale.

....

c. Écrire p en pourcentage.

....

À VOUS DE JOUER

09. Sur 900 personnes interrogées, 150 disent vouloir voter pour le candidat A.

Dans cet échantillon, donner la proportion sous forme de fraction irréductible des personnes votant pour le candidat A.

....

10. Julien gagne 2 100 € par mois. Il consacre 40 % de son salaire à son loyer. Quel est le montant de son loyer ?

....

11. 6 élèves sur 30 ont eu mention excellent au baccalauréat dans une classe.
Quelle proportion cela représente-t-il dans cette classe ? (Exprimer cette proportion sous forme décimale).

....

12. Un groupe de 35 élèves comprend 60 % de filles.
Combien y a-t-il de filles dans ce groupe ?

....

13. Une entreprise a expédié le mois dernier 1 800 colis dont 450 vers l'étranger.
Quelle est la part des colis envoyés vers l'étranger le mois dernier dans cette entreprise ? Exprimer cette proportion en pourcentage.

....

14. Nassim a repéré le même téléviseur dans deux boutiques différentes.

Dans la première, il coûte 399 € et bénéficie d'une remise de 20 % et dans la seconde, il coûte 450 € et bénéficie d'une remise de 25 %.

Dans quelle boutique, le téléviseur sera-t-il le moins cher après la remise consentie ?

....

15. Calculer 17,5 % de 300.

....

16. Calculer 21 % de 150.

....

17. Calculer 37 % de 500.

....

18. Calculer 20 % de 6,4.

....

19. Calculer 15 % de 34.

....

20. Dans mon entreprise de 500 salariés, il y a 19 % de cadres. Parmi ces cadres, il y a 50 femmes.

a. Déterminer le nombre de cadres dans l'entreprise.

....

b. Déterminer la proportion de femmes parmi les cadres. Donner le résultat sous la forme d'une fraction irréductible.

....

21. Dans mon lycée, il y a 1 600 élèves dont 440 élèves de Terminale. 80 % de ces élèves font du sport toutes les semaines.

a. Déterminer le nombre d'élèves de Terminale pratiquant du sport toutes les semaines.

....

b. Déterminer la proportion d'élèves de Terminale faisant du sport toutes les semaines parmi l'ensemble des élèves du lycée. Donner le résultat sous forme de fraction irréductible puis sous forme décimale.

....

22. Dans ma commune de 26 000 habitants, il y a 30 % de personnes de 25 ans ou moins.

Parmi ces jeunes de 25 ans ou moins, 65 % sont scolarisés.

a. Déterminer le nombre de personnes de 25 ans ou moins dans ma commune.

....

b. Déterminer le nombre de personnes de moins de 25 ans scolarisées dans ma commune.

....

c. Déterminer la proportion de personnes de moins de 25 ans scolarisées par rapport à l'ensemble des habitants de la commune. Donner le résultat sous forme d'une fraction irréductible puis sous forme décimale.

....

2 CALCULER LA PROPORTION D'UNE PROPORTION

Soit A, B et C trois ensembles vérifiant $C \subset B \subset A$.

Soit p la proportion des éléments de B dans A.

Soit p' la proportion des éléments de C dans B.

La proportion d'éléments de C dans A est alors $p \times p'$.

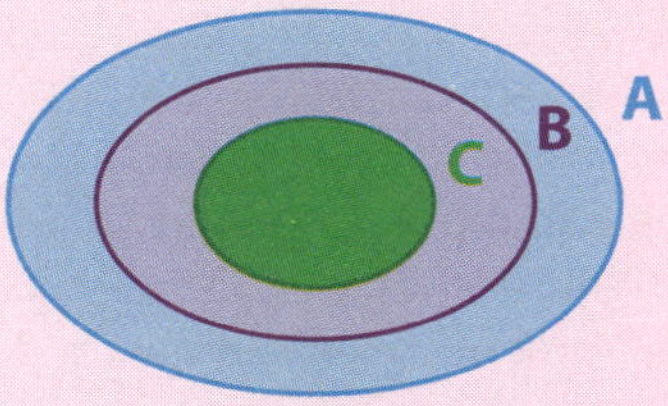

Exemple

Dans un lycée, 60 % des élèves sont en filière technologique. On sait, de plus, que 55 % des élèves en filière technologique sont des garçons. Quelle est la proportion de garçons en filière technologique par rapport à l'ensemble du lycée ?

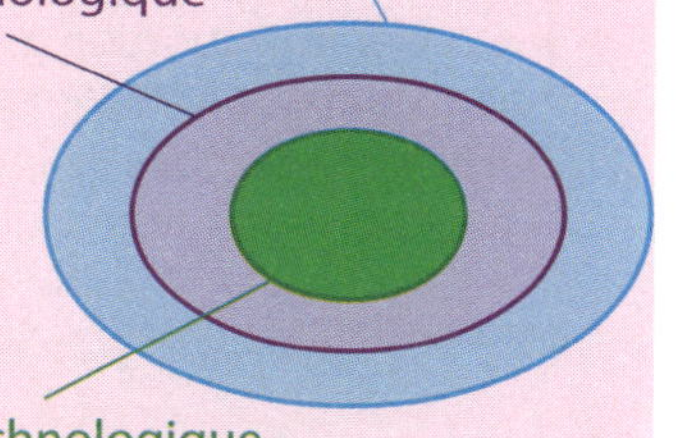

On retrouve la situation du rappel avec $p = 60\ \%$ et $p' = 55\ \%$.

La proportion de garçons en filière technologique par rapport à l'ensemble des élèves du lycée est donc $\frac{60}{100} \times \frac{55}{100}$, soit 0,33 ; ce qui correspond à 33 %.

ASTUCE

Le mot « de » en mathématiques se traduit souvent par une multiplication.

Par exemple 40 % **de** $\frac{2}{3}$ se traduit par le calcul $\frac{40}{100} \times \frac{2}{3}$

PAS À PAS

01. Dans un lycée, 40 % des élèves sont en filière technologique. Parmi eux, 30 % sont en spécialité STMG. On s'intéresse à la proportion d'élèves en série STMG par rapport à l'ensemble des élèves du lycée.

a. La proportion d'élèves en filière technologique sous forme décimale est :

$p = \frac{\dots}{\dots} = \dots$

b. La proportion d'élèves en série STMG parmi les élèves en filière technologique sous forme décimale est :

$p' = \frac{\dots}{\dots} = \dots$

c. On en déduit que la proportion d'élèves en série STMG par rapport à l'ensemble du lycée est :

$p \times p' = \dots \times \dots = \dots$

d. Donner la proportion trouvée dans la question c. en pourcentage.

....

02. Dans une grande entreprise, $\frac{4}{10}$ des employés sont des cadres. Parmi eux, 70 % sont des femmes. On s'intéresse à la proportion de femmes cadres dans cette entreprise.

a. La proportion de cadres dans l'entreprise sous forme décimale est :

$p = \frac{\dots}{\dots} = \dots$

b. La proportion de femmes parmi les cadres sous forme décimale est :

$p' = \frac{\dots\dots}{\dots\dots} = \dots\dots$

c. On en déduit que la proportion de cadres femmes dans l'entreprise est :

$p \times p' = \dots\dots \times \dots\dots = \dots\dots$

d. Donner la proportion trouvée dans la question c. sous la forme d'une fraction irréductible.

....

À VOUS DE JOUER

03. Un grossiste de Rungis commande 60 % de ses fruits en Espagne. 20 % des fruits achetés en Espagne sont des fraises.

Quelle est la proportion de fraises espagnoles dans les achats de ce grossiste ? L'exprimer en pourcentage.

....

04. Nassim collectionne les pièces de monnaie. Les $\frac{5}{8}$ de ses pièces sont françaises. Parmi les pièces françaises, $\frac{4}{15}$ sont en or.

Quelle est la proportion des pièces en or françaises sur l'ensemble de la collection ? Donner la proportion sous forme d'une fraction irréductible.

....

05. Les $\frac{3}{4}$ des ventes d'un hypermarché concernent de la nourriture. 60 % de la nourriture vendue concerne des produits frais.

Quelle est la proportion de produits frais vendus parmi l'ensemble des ventes de ce supermarché ? Donner cette proportion sous forme décimale puis sous forme de pourcentage.

....

06. En France, 80 % des foyers vivent en ville. Dans les villes, 82 % des foyers possèdent un véhicule.

Quelle est la proportion des foyers français vivant en ville et possédant un véhicule sur l'ensemble de la population française ? Donner cette proportion sous forme décimale puis sous forme de pourcentage.

....

07. Dans une association, les $\frac{2}{3}$ des adhérents pratiquent un sport. Parmi eux, 15 % pratiquent la danse.

Quelle est la proportion de personnes pratiquant la danse dans cette association ? Donner le résultat sous la forme d'une fraction irréductible et sous forme décimale.

....

08. Dans une entreprise, 17 % des salariés sont des cadres. Parmi eux, 60 % sont des femmes.

Quelle est la proportion de femmes cadres dans cette entreprise ? Donner le résultat sous la forme d'une fraction irréductible et sous forme d'un pourcentage.

....

09. 40 % de la production d'un producteur de fruits bio, sont des fraises. Parmi celles-ci, 70 % sont des fraises gariguettes.

Quelle est la proportion de fraises gariguettes parmi la production totale de ce producteur bio ? Donner le résultat sous la forme d'un pourcentage et sous forme décimale.

....

10. 65 % des ventes d'un concessionnaire automobile sont des voitures d'occasion. Parmi celles-ci, 85 % sont de marque française.

Quelle est la proportion de voitures françaises d'occasion vendues chez ce concessionnaire ? Donner le résultat sous la forme d'une fraction irréductible et sous forme décimale.

....

3 ÉVOLUTIONS ET VARIATIONS. PASSER D'UNE FORMULATION ADDITIVE À UNE FORMULATION MULTIPLICATIVE

Soit t un nombre réel positif.

- **Augmenter une quantité d'un taux** t, c'est multiplier cette quantité par $C = 1 + t$. (C est appelé coefficient multiplicateur)
- **Diminuer une quantité d'un taux** t ($t < 1$), c'est multiplier cette quantité par $C = 1 - t$. (C est appelé coefficient multiplicateur)

Remarque : un taux est souvent exprimé en pourcentage. Il faut alors bien penser à écrire ce taux sous forme fractionnaire ou décimale.

Par exemple, si une quantité augmente de 4 %, il faut avoir en tête que 4 % correspond à la fraction $\frac{4}{100}$ ou au nombre décimal 0,04.

Le coefficient multiplicateur associé est alors $C = 1 + \frac{4}{100} = 1 + 0{,}04 = 1{,}04$.

ASTUCE

Augmenter fait penser à une hausse, on pense donc à la formule $C = 1 + t$ car elle comporte le signe +. Le coefficient multiplicateur vérifie $C > 1$.
Diminuer fait penser à une baisse, on pense donc à la formule $C = 1 - t$ car elle comporte le signe - . Le coefficient multiplicateur vérifie $0 < C < 1$.

PAS À PAS

01. On considère une hausse de 30 %. On cherche le coefficient multiplicateur associé.

a. Quelle formule doit-on utiliser ?

....

b. Donner alors le coefficient multiplicateur associé :

C = ... = ...

02. On considère une baisse de 20 %. On cherche le coefficient multiplicateur associé.

a. Quelle formule doit-on utiliser ?

....

b. Donner alors le coefficient multiplicateur associé :

C = ... = ...

03. On considère une hausse de 300 %. On cherche le coefficient multiplicateur associé.

a. Quelle formule doit-on utiliser ?

....

b. Donner alors le coefficient multiplicateur associé :

C = ... = ...

04. On considère une baisse de 4 %. On cherche le coefficient multiplicateur associé.

a. Quelle formule doit-on utiliser ?

....

b. Donner alors le coefficient multiplicateur associé :

C = ... = ...

À VOUS DE JOUER

05. Un prix est augmenté de 50 %. Le coefficient multiplicateur associé est :

....

06. Un prix est augmenté de 100 %. Le coefficient multiplicateur associé est :

....

07. Un prix est diminué de 70 %. Le coefficient multiplicateur associé est :

....

08. Un prix est augmenté de 22 %. Le coefficient multiplicateur associé est :

....

09. Un prix est diminué de 50 %. Le coefficient multiplicateur associé est :

....

10. Un prix est augmenté de 100 %. Le coefficient multiplicateur associé est :

....

11. Un prix est augmenté de 200 %. Le coefficient multiplicateur associé est :

....

12. Un prix est diminué de 5 %. Le coefficient multiplicateur associé est :

....

13. Un prix est augmenté de 5 %. Le coefficient multiplicateur associé est :

....

14. Augmenter un prix de 200 % revient à multiplier ce prix par :

....

15. Diminuer un prix de 95 % revient à multiplier ce prix par :

....

16. Augmenter un prix de 7 % revient à multiplier ce prix par :

....

17. Diminuer un prix de 12 % revient à multiplier ce prix par :

....

18. Augmenter un prix de 19 % revient à multiplier ce prix par :

....

19. Diminuer un prix de 46 % revient à multiplier ce prix par :

....

20. Augmenter un prix de 21,5 % revient à multiplier ce prix par :

....

21. Diminuer un prix de 32,5 % revient à multiplier ce prix par :

....

22. Augmenter un prix de 1,6 % revient à multiplier ce prix par :

....

23. Diminuer un prix de 3,4 % revient à multiplier ce prix par :

....

24. Augmenter un prix de 1 % revient à multiplier ce prix par :

....

25. Diminuer un prix de 83 % revient à multiplier ce prix par :

....

4 APPLIQUER UN TAUX D'ÉVOLUTION POUR CALCULER UNE VALEUR FINALE OU INITIALE

On utilisera le schéma suivant :

$$\text{Quantité de départ notée } V_D \underset{\div C}{\overset{\times C}{\rightleftarrows}} \text{Quantité d'arrivée après la hausse ou la baisse notée } V_A$$

C correspond au coefficient multiplicateur associé à l'évolution au taux *t* :

$C=1+t$ dans le cas d'une hausse et $C=1-t$ dans le cas d'une baisse.

ASTUCE

Lors d'une évolution en pourcentage, prenez l'habitude de calculer le coefficient multiplicateur *C* et d'utiliser le schéma dans le rappel ci-dessus.

POUR BIEN DÉMARRER

01. L'opération qui permet de trouver V_A est :

....

$$25\ € \underset{\div 1{,}3}{\overset{\times 1{,}3}{\rightleftarrows}} V_A$$

02. L'opération qui permet de trouver V_D est :

....

$$V_D \underset{\div 1{,}3}{\overset{\times 1{,}3}{\rightleftarrows}} 39\ €$$

03. On sait qu'un article qui coûte 18 € est augmenté de 20 %. Dans le schéma ci-dessous, placer correctement le 18 €.

$$\ldots\ldots \underset{\div 1{,}3}{\overset{\times 1{,}3}{\rightleftarrows}} \ldots\ldots$$

04. Après une hausse de 20 %, un article coûte 18 €. Dans le schéma ci-dessous, placer correctement le 18 €.

$$\ldots\ldots \underset{\div 1{,}2}{\overset{\times 1{,}2}{\rightleftarrows}} \ldots\ldots$$

05. Le coefficient multiplicateur associé à une hausse de 40 % est C = 1 + ... = ...

06. Le coefficient multiplicateur associé à une baisse de 15 % est C = 1 - ...... = ...

07. Le coefficient multiplicateur associé à une baisse de 25 % est C = 1 - ...... = ...

08. Le coefficient multiplicateur associé à une hausse de 10 % est C = 1 + ... = ...

PAS À PAS

09. Un article coûte 180 € et subit une baisse de 30 %. On veut connaître son nouveau prix.

a. Le coefficient multiplicateur C associé à cette baisse est C = ...

b. Compléter alors le schéma suivant :

$$\ldots\ldots \underset{\div \ldots}{\overset{\times \ldots}{\rightleftarrows}} \ldots\ldots$$

c. La bonne opération pour calculer le nouveau prix est :

....

d. En effectuant cette opération, on trouve

que le nouveau prix est .... €

10. Un article coûte 70 € et subit une hausse de 20 %. On veut connaître son nouveau prix.

a. Le coefficient multiplicateur C associé à

cette hausse est C = ...

b. Compléter alors le schéma suivant :

× ...
...... ------------> ......
...... <------------ ......
÷ ...

c. La bonne opération pour calculer le nouveau prix est :

....

d. En effectuant cette opération, on trouve

que le nouveau prix est .... €

11. Après une hausse de 200 %, un article coûte 180 €. On veut connaître son ancien prix.

a. Le coefficient multiplicateur C associé à

cette hausse est C = ...

b. Compléter alors le schéma suivant :

× ...
...... ------------> ......
...... <------------ ......
÷ ...

c. La bonne opération pour calculer l'ancien prix est :

....

d. En effectuant cette opération, on trouve

que l'ancien prix était de .... €

12. Après une baisse de 20 %, un article coûte 180 €. On veut connaître son ancien prix.

a. Le coefficient multiplicateur C associé à

cette évolution est C = ...

b. Compléter alors le schéma suivant :

× ...
...... ------------> ......
...... <------------ ......
÷ ...

c. La bonne opération pour calculer l'ancien prix est :

....

d. En effectuant cette opération, on trouve

que l'ancien prix était de .... €

À VOUS DE JOUER

13. Un article coûte 120 € et subit une hausse de 10 %. Quel est son nouveau prix ?

....

14. Un article coûte 80 € et subit une hausse de 300 %. Quel est son nouveau prix ?

....

15. Après une baisse de 80 %, un article coûte 24 €. Quel est son ancien prix ?

....

16. Après une baisse de 25 %, un article coûte 90 €. Quel est son ancien prix ?

....

17. Un article coûte 40 € et subit une hausse de 30 %. Quel est son nouveau prix ?

....

18. Après une baisse de 10 %, un article coûte 72 €. Quel est son ancien prix ?

....

19. Un article coûte 19,99 € et subit une baisse de 15 %. Donner son nouveau prix. Arrondir au centime près.

....

20. Après une hausse de 70 %, un article coûte 107 €. Quel est son ancien prix ?

....

21. Après une hausse de 2 %, un article coûte 153 €. Quel est son ancien prix ?

....

5 CALCULER UN TAUX D'ÉVOLUTION, L'EXPRIMER EN POURCENTAGE

On considère une quantité qui varie de V_D (valeur de départ) à V_A (valeur d'arrivée).
Le taux d'évolution qui permet de passer de V_D à V_A est $\frac{V_A - V_D}{V_D}$.

Remarque : pour obtenir un taux d'évolution en pourcentage, il suffit de multiplier le résultat de $\frac{V_A - V_D}{V_D}$ par 100.

ASTUCE
Lorsque la quantité diminue, il faut bien vérifier que le taux d'évolution est négatif.

PAS À PAS

01. Un article est soldé. Son prix passe de 50 € à 42 €. On veut connaître l'évolution en pourcentage.

a. Ici V_D = ...

et V_A = ...

b. Nous avons $t = \frac{\ldots\ldots - \ldots\ldots}{\ldots\ldots}$.

c. t est ici négatif, il s'agit donc d'une .... au taux de .... ,

ce qui correspond à une ....

de .... %

02. Un litre de lait bio passe de 2 € à 2,30 €. On veut connaître l'évolution en pourcentage.

a. Ici V_D = ...

et V_A = ...

b. Nous avons $t = \frac{\ldots\ldots - \ldots\ldots}{\ldots\ldots}$.

c. t est ici positif, il s'agit donc d'une .... au taux de .... ,

ce qui correspond à une ....

de .... %

03. Mes impôts locaux passent de 800 € à 920 €. On veut connaître l'évolution en pourcentage.

a. Ici V_D = ...

et V_A = ...

b. Nous avons $t = \frac{\ldots\ldots - \ldots\ldots}{\ldots\ldots}$.

c. t est ici positif, il s'agit donc d'une .... au taux de .... ,

ce qui correspond à une ....

de .... %

04. Mon garagiste fait un geste commercial. La facture de 900 € passe à 855 €. On veut connaître l'évolution en pourcentage.

a. Ici V_D = ...

et V_A = ...

b. Nous avons $t = \frac{\dots\dots - \dots\dots}{\dots\dots}$.

c. t est ici négatif, il s'agit donc d'une

.... au taux de .... ,

ce qui correspond à une ....

de ....%.

À VOUS DE JOUER

05. La population de la France est passée en quelques années de 60 millions d'habitants à 66 millions d'habitants.
Quel est le pourcentage de hausse associé ?

....

06. La bouteille de jus d'orange bio qui coûte habituellement 3 € est au prix de 2,10 € aujourd'hui.
Quel est en pourcentage le montant de la remise ?

....

07. Il y a deux ans, ma voiture coûtait 15 000 €. Aujourd'hui, son prix est de 12 000 €.
De quel pourcentage a-t-il baissé ?

....

08. En 5 ans, la baguette de pain de mon boulanger est passée de 0,80 € à 1,10 €.
De quel pourcentage le prix de ma baguette a-t-il augmenté en 5 ans ?

....

09. J'ai acheté il y a 15 ans mon appartement 90 000 euros. Je viens de le revendre 170 000 €.
Donner le taux d'évolution du prix de mon appartement sur ces 15 ans sous la forme d'une fraction irréductible.

....

10. J'ai acheté il y a 5 ans un vélo au prix de 210 €. Je viens de le revendre d'occasion au prix de 70 €.
De quel pourcentage mon vélo a-t-il baissé en 5 ans ? Donner le résultat arrondi à 0,1 près.

....

11. L'indice de performance d'une entreprise est passé de 110 à 115,5.
Quelle est l'évolution en pourcentage de l'indice de performance de cette entreprise ?

....

12. On considère une suite u. On sait que u(1) = 25 et que u(2)= 27.
Quel est le taux d'évolution entre u(1) et u(2) ?

....

13. On considère une suite v. On sait que v(0) = 12,5 et que v(1)= 10.
Quel est le taux d'évolution entre v(0) et v(1) ?

....

14. Le chiffre d'affaires d'une entreprise est passé en un an de 120 000 € à 102 000 €.
Quelle est l'évolution en pourcentage du chiffre d'affaires de cette entreprise sur la dernière année ?

....

15. Devant une demande en baisse, une entreprise est passée de 80 000 composants électroniques produits par jour à 75 000.
Quelle est l'évolution du nombre de composants électroniques produits par jour de cette entreprise ? Donner le résultat sous forme d'une fraction irréductible et d'un pourcentage.

....

16. En 1700, la population mondiale était estimée à 650 millions d'individus. Aujourd'hui, elle est estimée à 7,8 milliards d'individus.
Quelle est l'évolution (exprimée en pourcentage) du nombre d'individus sur Terre depuis l'année 1700 ?

....

1 BILAN INTERMÉDIAIRE • CHAPITRE 1

01	Dans un lycée de 1 234 élèves, il y a 350 élèves en Terminale qui viennent de passer leur baccalauréat. 60 % d'entre eux ont eu une mention. Combien d'élèves cela représente-t-il ?	
02	Dans une commune, il y a 60 % de quartiers pavillonnaires. Dans ces quartiers, il y a 30 % d'enfants. Quel est le pourcentage d'enfants habitant en zone pavillonnaire sur l'ensemble de la commune ?	
03	Pour diminuer une quantité de 18 %, il suffit de la multiplier par ……	
04	Un smartphone coûte 240 €. Donner son prix après une baisse de 15 %.	
05	Nassim est passé de 15 de moyenne générale au premier trimestre à 18 de moyenne générale au deuxième trimestre. Quelle hausse en pourcentage cela représente-t-il ?	
06	$\frac{5}{8}$ de mes amis habitent près de chez moi. Parmi les amis proches de chez moi, 70 % sont des femmes. Donner la proportion des amies proches de chez moi sur la totalité de mes amis. Donner le résultat sous forme de fraction irréductible.	
07	Après une baisse de 20 %, un article coûte 104 €. Quel était son ancien prix ?	
08	Le prix d'un litre d'essence vient de passer de 1,50 € à 1,35 €. Quel est le pourcentage de baisse ?	
09	J'ai 22 000 € sur un compte en banque. Je compte dépenser $\frac{2}{5}$ de cette somme. Combien vais-je dépenser ?	
10	Pour augmenter une quantité de 3 %, il suffit de la multiplier par ……	

2 BILAN INTERMÉDIAIRE • CHAPITRE 1

01	En 2004, la baguette de pain coûtait chez mon boulanger 90 centimes d'euros. En 2012, elle coûtait 1 € et maintenant elle coûte 1,05 €. Quelle est l'évolution exprimée en pourcentage du prix de la baguette chez mon boulanger entre 2004 et aujourd'hui ?	
02	Augmenter de 200 % revient à multiplier par	
03	Un litre d'eau minérale gazeuse coûte 0,60 euro. Dans une semaine, son prix va augmenter de 30 %. Quel sera alors son nouveau prix ?	
04	Dans mon entreprise, il y a 180 véhicules. 45 % d'entre eux sont des utilitaires. Combien y a-t-il de véhicules utilitaires dans mon entreprise ?	
05	Quel pourcentage est représenté par le quart des trois-cinquièmes ?	
06	Après une hausse de 6 %, mes impôts fonciers s'élèvent désormais à 848 €. Quel était le montant de mes impôts fonciers avant cette hausse ?	
07	Diminuer de 70 % revient à multiplier par ...	
08	Le cours de l'action Miam Bio est passé de 12,50 € à 13,50 € en quelques jours. De quel pourcentage cette action a-t-elle augmenté ?	
09	Fabrice gagne actuellement 2 300 € net par mois. Il consacre $\frac{2}{5}$ de son salaire à son loyer. Quel est le montant de son loyer ?	
10	Dans mon potager, je cueille 65 % de mes légumes en été. Parmi ceux-ci $\frac{5}{26}$ sont des carottes. Donner sous forme de fraction irréductible la proportion de carottes cueillies en été par rapport à l'ensemble des légumes cueillis sur l'année.	

1 INTERPRÉTER UN INDICE DE BASE 100 ; CALCULER UN INDICE ; CALCULER LE TAUX D'ÉVOLUTION ENTRE DEUX VALEURS

A. Interpréter un indice de base 100

Lorsque nous avons des données sur plusieurs années, les comparaisons sont parfois difficiles. Pour cela, on décide de comparer par rapport à une quantité simple : 100. C'est ce que l'on appelle **indice de base 100**.

Un élève de lycée a effectué le calcul d'indice dans le cas suivant :

Année	2015	2016	2017	2018	2019
Prix d'un téléviseur (en €)	1250	1200	1170	1050	1000
Indice de base 100	100	96	93,6	84	80

Interprétation :

- Si le téléviseur avait coûté 100 € en 2015, son prix aurait été de 96 € en 2016. On constate également qu'il y aurait eu une baisse de 4 € pour un prix de départ de 100 €, soit une baisse de 4 %.
- Si le téléviseur avait coûté 100 € en 2015, son prix aurait été de 80 € en 2019. On constate également qu'il y aurait eu alors une baisse de 20 € pour un prix de départ de 100 €, soit une baisse de 20 %.

B. Calculer un indice de base 100

Voici le prix d'un smartphone depuis l'année 2015. On attribue l'indice base 100 à l'année 2015.

Année	2015	2016	2017	2018	2019
Prix du smartphone en euros	360	342	327,6	299	250
Indice	100				

Les lignes prix et indice sont **proportionnelles**. Pour calculer l'indice en 2016, on peut par exemple faire un produit en croix (nous verrons d'autres techniques dans le pas à pas).

L'indice cherché est donc $\frac{342 \times 100}{360}$ soit 95.

C. Calculer le taux d'évolution entre deux valeurs

Reprenons le premier exemple :

Année	2015	2016	2017	2018	2019
Prix d'un téléviseur	1250	**1200**	1170	**1050**	1000
Indice de base 100	100	**96**	93,6	**84**	80

On souhaiterait connaître l'évolution en pourcentage du prix du téléviseur entre les années 2016 et 2018.

Comme les lignes prix et indice sont proportionnelles, on peut utiliser la formule $\frac{V_A - V_D}{V_D} \times 100$ avec les indices ou avec les prix.

Avec les prix : $\frac{1050 - 1200}{1200} \times 100 = -12,5$

Avec les indices : $\frac{84 - 96}{96} \times 100 = -12,5$

Dans les deux cas, on trouve qu'entre les années 2016 et 2018, le prix du téléviseur baisse de 12,5 %.

ASTUCE

Pour trouver l'évolution en pourcentage entre une année et l'année de référence en base 100, il suffit de chercher la différence entre les deux indices.

POUR BIEN DÉMARRER

01. Compléter le tableau de proportionnalité suivant :

X	1	2	3	5	20
Y		3,6			

02.

Année	2017	2018	2019	2020
Indice	100	96	110	121

a. L'année de référence pour l'indice de base 100 est l'année ....

b. Compléter les phrases suivantes :
Si le prix en 2017 était de 100 € alors le prix en 2018 serait de .... €.
Si le prix en 2017 était de 100 € alors le prix en 2020 serait de .... €.

03. Une entreprise a publié les résultats suivants sur son chiffre d'affaires en prenant l'année 2012 pour base 100 :

Année	2016	2017	2018	2019	2020
Indice du chiffre d'affaires	100	93	98,8	105	110

1. Déterminer le taux d'évolution en pourcentage entre les années :

a. 2016 et 2017.

$$\frac{V_A - V_D}{V_D} \times 100 = \frac{\ldots\ldots - \ldots\ldots}{\ldots\ldots} \times 100 =$$

b. 2016 et 2018.

$$\frac{V_A - V_D}{V_D} \times 100 = \frac{\ldots\ldots - \ldots\ldots}{\ldots\ldots} \times 100 =$$

c. 2016 et 2019.

$$\frac{V_A - V_D}{V_D} \times 100 = \frac{\ldots\ldots - \ldots\ldots}{\ldots\ldots} \times 100 =$$

d. 2016 et 2020.

$$\frac{V_A - V_D}{V_D} \times 100 = \frac{\ldots\ldots - \ldots\ldots}{\ldots\ldots} \times 100 =$$

e. Peut-on calculer facilement le taux d'évolution en pourcentage entre l'indice $V_D = 100$ et un autre indice ? Si oui, comment procéder ?

....

....

....

2. Déterminer le taux d'évolution en pourcentage entre les années :

a. 2017 et 2018.

$$\frac{V_A - V_D}{V_D} \times 100 = \frac{\ldots\ldots - \ldots\ldots}{\ldots\ldots} \times 100 =$$

b. 2018 et 2019.

$$\frac{V_A - V_D}{V_D} \times 100 = \frac{\ldots\ldots - \ldots\ldots}{\ldots\ldots} \times 100 =$$

c. 2019 et 2020.

$$\frac{V_A - V_D}{V_D} \times 100 = \frac{\ldots\ldots - \ldots\ldots}{\ldots\ldots} \times 100 =$$

d. La remarque faite en 1.e est-elle encore valable ?

....

....

....

PAS À PAS

04. Utiliser un tableau d'indice pour déterminer des évolutions en pourcentage :

Année	2016	2017	2018	2019	2020
Bénéfice en milliers d'euros	65		84,5		
Indice associé	100	110		121	104,5

a. Si le bénéfice avait été de 100 € en 2016, il aurait été de .... en 2017.

b. Si le bénéfice avait été de 100 € en 2016, il

aurait été de .... en 2020.

c. En utilisant les bénéfices ou les indices, calculer les taux d'évolutions en pourcentage entre les dates proposées :

Calculons le taux d'évolution en % entre	**Calcul à effectuer**	**Résultat**
2016 et 2017	....	
2016 et 2018	....	
2016 et 2019	....	
2017 et 2019	....	
2017 et 2020	....	

05. Compléter un tableau d'indice.

Année	**2009**	**2013**	**2017**	**2021**
Prix en €	450		360	
Indice du prix	100	105		98

a. On peut utiliser les techniques de produit en croix.

Les colonnes 2009 et 2017 sont proportionnelles :

Prix en €	450	360
Indice du prix	100	

L'indice manquant est alors égal à :

$$\frac{\ldots\ldots \times \ldots\ldots}{\ldots\ldots} = \ldots\ldots$$

b. On aurait pu également déterminer le prix en 2013 en utilisant la proportionnalité entre les années 2009 et 2013 avec le produit en croix.

Le calcul à effectuer serait alors :

$$\frac{\ldots\ldots \times \ldots\ldots}{\ldots\ldots} = \ldots\ldots$$

c. Si les calculs avec le produit en croix sont trop difficiles, on peut également utiliser d'autres techniques sur la proportionnalité.

On sait que la ligne du prix en euros et la ligne des indices **sont proportionnelles.**

On peut utiliser par exemple les techniques suivantes :

Si l'indice 100 représente 450 € alors :

- L'indice 10 représente .... €
- L'indice 5 représente .... €

Donc l'indice 105 correspond à :

450 + ... Soit .... €

- L'indice 1 représente .... €
- L'indice 2 représente .... €.

Donc l'indice 98 correspond à :

450 – .... Soit .... €

06. Raisonner avec les indices et les évolutions en pourcentage.

On prend comme base 100, le chiffre d'affaires (CA) d'une entreprise en 2018.

On sait qu'entre 2018 et 2019, le chiffre d'affaires a augmenté de 5 %.

On sait qu'entre 2019 et 2020, le chiffre d'affaires a augmenté de 20 %.

On souhaite déterminer les indices des années 2019 et 2020 :

Année	**2018**	**2019**	**2020**
Indice	100		

Nous ne connaissons pas le montant du chiffre d'affaires en 2018. Cependant, les indices et le chiffre d'affaires étant proportionnels, on peut raisonner directement sur les indices.

- Le coefficient multiplicateur associé à une hausse de 5 % est $C_1 = 1 + \frac{\dots\dots}{100} = \dots\dots$

L'indice en 2019 sera donc de :

100 × .... soit ....

- Le coefficient multiplicateur associé à une hausse de 10 % est $C_2 = 1 + \frac{\dots\dots}{100} = \dots\dots$

L'indice en 2019 sera donc de :

.... × .... soit ....

À VOUS DE JOUER

07. Une entreprise a publié les résultats suivants sur son chiffre d'affaires en prenant l'année 2012 pour base 100 :

Année	2012	2014	2016	2018	2020
Indice du chiffre d'affaires	100	95	98,8	105	110

a. Quelle est l'évolution en pourcentage du chiffre d'affaires entre 2012 et 2016 ?

....

b. Quelle est l'évolution en pourcentage du chiffre d'affaires entre 2012 et 2018 ?

....

c. Quelle est l'évolution en pourcentage du chiffre d'affaires entre 2014 et 2016 ?

....

08. Voici l'évolution du prix d'un modèle de téléviseur les cinq dernières années :

Année	2016	2017	2018	2019	2020
Prix en €	600			480	
Indice du prix du téléviseur	100	115	90		82

a. Quelle est l'évolution en pourcentage du prix du téléviseur entre 2016 et 2017 ?

....

b. Quelle est l'évolution en pourcentage du prix du téléviseur entre 2016 et 2020 ?

....

c. Quelle est l'évolution en pourcentage du chiffre d'affaires entre 2017 et 2018 ?

....

d. Quel est le prix du téléviseur en 2017 ?

....

e. Quel est l'indice base 100 en 2016 du prix du téléviseur en 2019 ?

....

09. En 2017, les droits d'inscription au club de gym étaient de 350 €. En 2018, ils étaient de 360,5 €. On prend comme indice base 100 les droits d'inscription de l'année 2017.

a. Calculer l'indice des droits d'inscription en 2018.

....

....

b. En 2019, cet indice est égal à 105. Donner une interprétation de l'indice puis calculer le montant des droits d'inscription au club de gym en 2019.

....

....

10. Le cours de l'or a diminué de 5 % entre les années 2016 et 2018. Il a ensuite augmenté de 10 % entre les années 2016 et 2020. On prend comme indice de base 100 le prix de l'or l'année 2016. Déterminer les indices du prix de l'or en 2018 et en 2020.

Année	2016	2018	2020
Indice			

11. Le tableau suivant donne le nombre d'entrées dans un théâtre les quatre dernières semaines. On a pris comme indice base 100 le nombre d'entrées la semaine 1.

Semaine	1	2	3	4
Nombre d'entrées	2 300		2 990	
Indice	100	102		112

a. Interpréter l'indice 112 dans le contexte de l'exercice.

....

....

b. Déterminer le taux d'évolution en pourcentage entre la semaine 1 et la semaine 4.

....

c. Déterminer le taux d'évolution en pourcentage entre la semaine 1 et la semaine 3.

....

d. Déterminer l'indice de la semaine 3.

....

e. Déterminer le nombre d'entrées de la semaine 2.

....

f. Déterminer le nombre d'entrées de la semaine 4.

....

12. Le tableau suivant donne la production d'une petite entreprise qui produit des fromages.

Année	**2017**	**2018**	**2019**	**2020**
Production en kg	8 400		8 568	
Indice	100	97		105

a. Interpréter l'indice 97 dans le contexte de l'exercice.

....

....

b. Déterminer le taux d'évolution en pourcentage entre 2017 et 2018.

....

c. Déterminer le taux d'évolution en pourcentage entre 2017 et 2020.

....

d. Déterminer l'indice en 2019.

....

e. Déterminer la production en kg en 2018.

....

f. Déterminer la production en kg en 2020.

....

13. On prend comme indice de base 100 le montant d'un salaire en 2017. Entre 2017 et 2018, celui-ci a baissé de 5 %. Entre 2017 et 2019, celui-ci a augmenté de 4 %. Entre 2018 et 2020, celui-ci a augmenté de 10 %.

Année	**2017**	**2018**	**2019**	**2020**
Indice	100			

a. Déterminer l'indice en 2018.

....

b. Déterminer l'indice en 2019.

....

c. Déterminer l'indice en 2020.

....

d. Déterminer l'évolution en pourcentage du salaire entre 2017 et 2020.

....

14. Un constructeur automobile a publié les résultats suivants sur ses bénéfices annuels en prenant l'année 2011 pour base 100 :

Année	**2011**	**2014**	**2017**	**2020**
Indice du chiffre d'affaires	100	90	108	113,4

a. Quelle est l'évolution (en pourcentage) du bénéfice entre 2011 et 2014 ?

....

b. Quelle est l'évolution (en pourcentage) du bénéfice entre 2011 et 2017 ?

....

2 CALCULER LE TAUX D'ÉVOLUTION ÉQUIVALENT À PLUSIEURS ÉVOLUTIONS SUCCESSIVES

Méthode

On considère n évolutions successives aux taux $t_1, t_2, \ldots, t_n$.

Pour calculer le taux d'évolution global on procède ainsi :

1. On calcule pour chaque taux $t_1, t_2, \ldots, t_n$ le **coefficient multiplicateur** associé $C_1, C_2, \ldots, C_n$ en utilisant les formules $C = 1 + \frac{t}{100}$ pour une hausse ou $C = 1 - \frac{t}{100}$ pour une baisse.

2. On calcule le **coefficient global** C_g en utilisant la formule :

$$C_g = C_1 \times C_2 \times \ldots \times C_n$$

3. On calcule le **taux global** t_g en utilisant la formule :

$$t_g = (C_g - 1) \times 100$$

ASTUCE

Lors d'une évolution en pourcentage, prenez le réflexe de calculer le coefficient multiplicateur associé.

POUR BIEN DÉMARRER

01. Le coefficient multiplicateur associé à une hausse de 7 % est $C =$ ....

02. Le coefficient multiplicateur associé à une baisse de 7 % est $C =$ ....

03. Le coefficient multiplicateur associé à une évolution est 1,32. Calculer le taux en pourcentage de cette évolution.

....

04. Le coefficient multiplicateur associé à une évolution est 1,07. Calculer le taux en pourcentage de cette évolution.

....

05. Le coefficient multiplicateur associé à une évolution est 0,9. Calculer le taux en pourcentage de cette évolution.

....

06. Le coefficient multiplicateur associé à une évolution est 0,98. Calculer le taux en pourcentage de cette évolution.

....

07. La formule à utiliser pour déterminer le coefficient multiplicateur associé à une hausse de t % est :

$C =$ ....

08. La formule à utiliser pour déterminer le coefficient multiplicateur associé à une baisse de t % est :

$C =$ ....

PAS À PAS

09. La première année, le cours d'une action a augmenté de 50 %. L'année suivante, le cours de cette action a augmenté de 20 %. On s'intéresse au taux d'évolution global noté t_g sur l'ensemble de ces deux années.

a. Le coefficient multiplicateur associé à la première évolution est :

$$C_1 = 1 + \frac{t}{100} = \ldots\ldots$$

Le coefficient multiplicateur associé à la seconde évolution est :

$$C_2 = 1 + \frac{t}{100} = \ldots\ldots$$

b. Le coefficient multiplicateur C_g associé à la hausse globale est :

$$C_g = C_1 \times C_2 = \ldots\ldots$$

c. Le taux global associé vérifie alors :

$t_g = (C_g - 1) \times 100 =$ ....

On peut alors dire que cette action a augmenté de .... % en deux ans.

10. Le prix d'un vaccin a augmenté de 10 % une année. L'année suivante, le prix de ce vaccin a diminué de 40 %. On s'intéresse au taux d'évolution global noté t_g sur l'ensemble de ces deux années.

a. Le coefficient multiplicateur associé à la première évolution est :

$C_1 = 1 + \frac{t}{100} =$ ....

Le coefficient multiplicateur associé à la seconde évolution est :

$C_2 = 1 - \frac{t}{100} =$ ....

b. Le coefficient multiplicateur C_g associé à la hausse globale est :

$C_g = C_1 \times C_2 =$ ....

c. Le taux global associé vérifie alors :

$t_g = (C_g - 1) \times 100 =$ ....

On peut alors dire que le prix de ce vaccin a .... de .... % en deux ans.

11. La taxe d'habitation d'une ville a diminué trois années de suite. La première année, elle a diminué de 10 %. La deuxième année, elle a diminué de 20 % et la troisième année, elle a diminué de 30 %. On veut connaître la baisse globale de la taxe d'habitation sur l'ensemble des trois années.

a. Les coefficients multiplicateurs associés aux trois évolutions sont :

$C_1 = 1 - \frac{t}{100} =$ ....

$C_2 =$ .... et $C_3 =$ ....

b. Le coefficient multiplicateur C_g associé à la hausse globale est :

$C_g = C_1 \times C_2 \times C_3 =$ ....

c. Le taux global associé vérifie alors :

$t_g = (C_g - 1) \times 100 =$ ....

On peut alors dire que la taxe d'habitation a .... de .... % sur trois ans.

À VOUS DE JOUER

12. Le coût de fabrication d'un smartphone a baissé de 30 % puis de 20 %. Quel est le taux d'évolution global suite à ces deux baisses ?

....

....

13. Le coût de fabrication d'un bureau a baissé de 30 % puis a augmenté de 30 %. Quel est le taux d'évolution global suite à ces deux évolutions ?

....

....

14. Les auteurs d'un ouvrage ont subi une baisse de revenu de 20 % suivie d'une baisse de revenu de 30 % suivie d'une hausse de revenu de 50 %. Quel est le taux d'évolution global du revenu des auteurs suite à ces trois évolutions ?

....

....

15. Le PIB d'un pays a augmenté successivement de 5 % puis de 20 %. Quelle est la hausse globale suite à ces deux hausses ?

....

....

16. Une quantité subit une hausse de 7 % suivie d'une hausse de 20 %. Quelle est l'évolution globale suite à ces deux évolutions ?

....

....

17. Une quantité subit une hausse de 7 % suivie d'une baisse de 20 %. Quelle est l'évolution globale suite à ces deux évolutions ?

....

....

18. Une quantité subit une baisse de 7 % suivie d'une baisse de 20 %. Quelle est l'évolution globale suite à ces deux évolutions ?

....

....

19. Une quantité subit une hausse de 10 % suivie d'une hausse de 10 %. Quelle est l'évolution globale suite à ces deux évolutions ?

....

....

20. Une quantité subit une hausse de 10 % suivie d'une baisse de 10 %. Quelle est l'évolution globale suite à ces deux évolutions ?

....

....

21. Une quantité subit une baisse de 10 % suivie d'une baisse de 10 %. Quelle est l'évolution globale suite à ces deux évolutions ?

....

....

22. Une quantité subit une hausse de 40 % suivie d'une hausse de 50 %. Quelle est l'évolution globale suite à ces deux évolutions ?

....

....

23. Une quantité subit une hausse de 40 % suivie d'une baisse de 50 %. Quelle est l'évolution globale suite à ces deux évolutions ?

....

....

24. Une quantité subit une baisse de 40 % suivie d'une baisse de 40 %. Quelle est l'évolution globale suite à ces deux évolutions ?

....

....

25. Une quantité subit une hausse de 50 % suivie d'une hausse de 50 %. Quelle est l'évolution globale suite à ces deux évolutions ?

....

....

26. Une quantité subit une hausse de 50 % suivie d'une baisse de 50 %. Quelle est l'évolution globale suite à ces deux évolutions ?

....

....

27. Une quantité subit une baisse de 50 % suivie d'une baisse de 50 %. Quelle est l'évolution globale suite à ces deux évolutions ?

....

....

28. Une quantité subit une hausse de 25 % suivie d'une hausse de 10 %. Quelle est l'évolution globale suite à ces deux évolutions ?

....

....

29. Une quantité subit une hausse de 25 % suivie d'une baisse de 10 %. Quelle est l'évolution globale suite à ces deux évolutions ?

....

....

30. Une quantité subit une baisse de 25 % suivie d'une baisse de 10 %. Quelle est l'évolution globale suite à ces deux évolutions ?

....

....

3 CALCULER UN TAUX D'ÉVOLUTION RÉCIPROQUE

Exemple :

Lorsqu'un article passe de 20 € à 25 €, il augmente de 25 %.

Le taux réciproque est le taux à appliquer à 25 € pour retrouver le prix initial de 20 €.

Comment calculer ce taux réciproque ?

Méthode 1 - On connaît uniquement l'évolution exprimée en pourcentage.

Pour connaître le taux réciproque t_r, on procède ainsi :

1. On calcule le coefficient multiplicateur C associé à l'évolution de t % en appliquant la formule $C=1+\frac{t}{100}$ pour une hausse ou $C=1-\frac{t}{100}$ pour une baisse.

2. On calcule le coefficient multiplicateur C_r associé au taux réciproque cherché t_r en utilisant la formule :

$$C_r=\frac{1}{C}$$

3. On calcule le taux réciproque t_r en utilisant la formule $t_r=(C_r-1)\times100$

Méthode 2 - On connaît le prix de départ V_D et le prix d'arrivée V_A.

On inverse les valeurs de V_D et de V_A et on applique la formule $t=\frac{V_A-V_D}{V_D}\times100$.

ASTUCE

Pour déterminer le taux réciproque, on peut utiliser un exemple avec une quantité de départ de 100. Voir exercices 7 et 9 dans rubrique PAS à PAS.

POUR BIEN DÉMARRER

01. Le produit d'un nombre par son inverse est égal à 1. Par exemple : $\frac{2}{3}\times\frac{3}{2}=1$

Compléter les égalités suivantes :

a. $\frac{\cdots}{\cdots}\times\frac{8}{10}=1$

b. $\frac{\cdots}{\cdots}\times\frac{12}{7}=1$

c. $\frac{\cdots}{\cdots}\times\frac{1}{3}=1$

d. $\frac{\cdots}{\cdots}\times\frac{9}{4}=1$

02. En utilisant l'exemple ci-dessous, compléter les égalités ci-après :

L'égalité $\frac{\cdots}{\cdots}\times0{,}7=1$ peut s'écrire

$\frac{\cdots}{\cdots}\times\frac{7}{10}=1$

Comme dans l'exercice 1 : $\frac{10}{7}\times\frac{7}{10}=1$ ou $\frac{10}{7}\times0{,}7=1$.

a. L'égalité $\frac{\cdots}{\cdots}\times1{,}2=1$ peut s'écrire

$\frac{\cdots}{\cdots}\times\frac{12}{10}=1$

Comme dans l'exercice 1 :

$$\frac{\dots}{\dots}\times\frac{12}{10}=1 \text{ ou } \frac{\dots}{\dots}\times 1{,}2=1$$

b. L'égalité $\frac{\dots}{\dots}\times 0{,}3=1$ peut s'écrire

$$\frac{\dots}{\dots}\times\frac{3}{10}=1$$

Comme dans l'exercice 1 : $\frac{\dots}{\dots}\times\frac{3}{10}=1$

ou $\frac{\dots}{\dots}\times 0{,}3=1$

c. L'égalité $\frac{\dots}{\dots}\times 2{,}5=1$ peut s'écrire

$$\frac{\dots}{\dots}\times\frac{\dots}{10}=1$$

Comme dans l'exercice 1 :

$$\frac{\dots}{\dots}\times\frac{\dots}{10}=1$$

ou $\frac{\dots}{\dots}\times 2{,}5=1$

d. L'égalité $\frac{\dots}{\dots}\times 1{,}52=1$ peut s'écrire

$$\frac{\dots}{\dots}\times\frac{\dots}{100}=1$$

Comme dans l'exercice 1 :

$$\frac{\dots}{\dots}\times\frac{\dots}{100}=1$$

ou $\frac{\dots}{\dots}\times 1{,}52=1$

03. *Exemple* : l'équation $0{,}6\times C=1$ peut s'écrire $\frac{6}{10}\times C=1$.

Nous avons alors $\frac{10}{6}\times\frac{6}{10}\times C=\frac{10}{6}\times 1$.

Soit $1\times C=\frac{10}{6}$ soit $C=\frac{10}{6}$.

Résoudre de la même manière les équations suivantes :

a. $1{,}7\times C=1$

....

....

....

b. $0{,}2\times C=1$

....

....

....

c. $3{,}5\times C=1$

....

....

....

04. Une quantité passe de 12 € à 15 €. Quel est le taux d'évolution associé ? L'exprimer en pourcentage.

....

....

05. Une quantité passe de 25 € à 22,5 €. Quel est le taux d'évolution associé ? L'exprimer en pourcentage.

....

....

PAS À PAS

06. Calculer un taux réciproque avec la méthode 1.

On veut déterminer le taux réciproque associé à une hausse de 25 %.

a. Étape 1. Le coefficient associé à cette hausse est $C = 1 + \frac{\dots\dots}{\dots\dots} = \dots\dots$

b. Étape 2. Si c' est le coefficient multiplicateur associé, on sait que $C \times C' = 1$ soit $1{,}25 \times C' = 1$.

Résoudre cette équation en vous inspirant de l'exercice 3. Mettre la solution C' sous forme décimale.

....

....

c. Étape 3. On sait que $t' = (C' - 1) \times 100$

Soit $t' = (\dots\dots - 1) \times 100$

Soit $t' = \dots\dots$

Une hausse de 25 % est compensée par une baisse de ....

07. Calculer un taux réciproque avec la méthode 2.

On veut déterminer le taux réciproque associé à une hausse de 25 %.

a. Si une quantité coûte 100 €, elle coûtera après une hausse de 25 % .... €

b. Le taux réciproque correspond alors à l'évolution permettant de passer de $V_D = 125$ € à $V_A = 100$ €.

$$\frac{V_A - V_D}{V_D} \times 100 = \frac{\dots\dots - \dots\dots}{\dots\dots} \times 100$$

$$= \dots\dots$$

Une hausse de 25 % est compensée par une baisse de ....

08. Calculer un taux réciproque avec la méthode 1. (bis)

On veut déterminer le taux réciproque associé à une baisse de 60 %.

a. Étape 1. Le coefficient associé à cette baisse est $C = 1 - \frac{\dots\dots}{\dots\dots} = \dots\dots$

b. Étape 2. Si C' est le coefficient multiplicateur associé, on sait que $C \times C' = 1$ soit $0{,}4 \times C' = 1$.

Résoudre cette équation en vous inspirant de l'exercice 3. Mettre la solution C' sous forme décimale.

....

....

c. Étape 3. On sait que $t' = (C' - 1) \times 100$

Soit $t' = (\dots\dots - 1) \times 100$

Soit $t' = \dots\dots$

Une baisse de 60 % est compensée par une hausse de ....

09. Calculer un taux réciproque avec la méthode 2. (bis)

On veut déterminer le taux réciproque associé à une baisse de 60 %.

a. Si une quantité coûte 100 €, elle coûtera après une baisse de 60 % .... €.

b. Le taux réciproque correspond alors à l'évolution permettant de passer de $V_D = 40$ € à $V_A = 100$ €.

$$\frac{V_A - V_D}{V_D} \times 100 = \frac{\dots\dots - \dots\dots}{\dots\dots} \times 100$$

$$= \dots\dots$$

Une baisse de 60 % est compensée par une hausse de ....

À VOUS DE JOUER

10. Déterminer le taux réciproque associé à une hausse de 150 %.

....

11. Déterminer le taux réciproque associé à une hausse de 50 %. Donner ce taux sous forme fractionnaire.

....

12. Déterminer le taux réciproque associé à une baisse de 80 %.

....

13. Déterminer le taux réciproque associé à une baisse de 20 %.

....

14. Déterminer le taux réciproque associé à une hausse de 30 %. Donner le résultat sous forme fractionnaire.

....

15. Déterminer le taux réciproque associé à une hausse de 100 %.

....

16. Déterminer le taux réciproque associé à une hausse de 200 %.

....

17. Déterminer le taux réciproque associé à une hausse de 25 %.

....

18. Déterminer le taux réciproque associé à une baisse de 90 %.

....

19. Déterminer le taux réciproque associé à une baisse de 95 %.

....

20. Déterminer le taux réciproque associé à une baisse de 40 %.

....

21. Déterminer le taux réciproque associé à une baisse de 50 %.

....

22. Déterminer le taux réciproque associé à une hausse de 30 %. Donner ce taux sous forme fractionnaire.

....

....

....

23. Déterminer le taux réciproque associé à une baisse de 10 %. Donner ce taux sous forme fractionnaire.

....

....

....

24. Déterminer le taux réciproque associé à une baisse de 25 %. Arrondir le résultat à 0,01 près.

....

....

....

25. Déterminer le taux réciproque associé à une baisse de 25 %. Arrondir le résultat à 0,01 près.

....

....

....

4 RECONNAÎTRE UNE SITUATION CONTEXTUALISÉE SE MODÉLISANT PAR UNE SUITE GÉOMÉTRIQUE DONT ON IDENTIFIE LA RAISON

Exemple :
Le prix de mon loyer augmente le premier janvier de chaque année de 2 %.

Le coefficient multiplicateur associé est $C = 1 + \frac{2}{100} = 1{,}02$.

Si l'on note $u(n)$ le montant de mon loyer la n-ième année alors $u(n+1) = 1{,}02 \times u(n)$.

Méthode

Pour déterminer la suite géométrique modélisant une situation, on procède ainsi :

1. On calcule le coefficient multiplicateur C associé à la hausse ou la baisse décrite dans la situation.

2. La suite géométrique u décrivant la situation vérifie alors pour tout entier naturel n : $u(n+1) = C \times u(n)$ où $u_{n+1} = C \times u_n$. On peut également le schématiser comme ci-dessous :

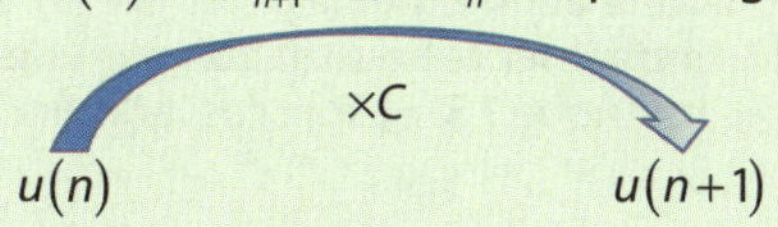

3. On conclut par une phrase.

ASTUCE

Toute évolution en pourcentage est associée à un coefficient multiplicateur, ce qui peut correspondre à une suite géométrique.

POUR BIEN DÉMARRER

01. Le coefficient multiplicateur associé à une hausse de 13 % est $C = 1 + \frac{\dots\dots}{100} = \dots\dots\dots$

02. Le coefficient multiplicateur associé à une hausse de 20 % est $C = 1 + \frac{\dots\dots}{100} = \dots\dots\dots$

03. Le coefficient multiplicateur associé à une hausse de 0,9 % est $C = 1 + \frac{\dots\dots}{100} = \dots\dots\dots$

04. Le coefficient multiplicateur associé à une baisse de 12 % est $C = 1 - \frac{\dots\dots}{100} = \dots\dots\dots$

05. Le coefficient multiplicateur associé à une baisse de 3 % est $C = 1 - \frac{\dots\dots}{100} = \dots\dots\dots$

06. Le coefficient multiplicateur associé à une baisse de 0,5 % est $C = 1 - \frac{\dots\dots}{100} = \dots\dots\dots$

PAS À PAS

07. Les autorités d'une grande ville s'intéressent à l'évolution de leur population. En 2015, on a recensé 6 000 habitants. À partir de 2016, le nombre d'habitants augmente de 2 % par an. On désire modéliser la situation par une suite u. Ainsi $u(n)$ modélise le nombre de nouveaux habitants l'année 2016 + n où n désigne un entier naturel.

a. Étape 1. Quel est le coefficient multiplicateur C associé à une hausse de 2 % ?

$C = \dots\dots\dots\dots\dots = \dots\dots\dots\dots\dots\dots$

b. Étape 2. Nous avons alors

$u(n+1) = \dots\dots\dots\dots \times u(n)$

c. Étape 3. La suite u est donc

$\dots\dots\dots\dots\dots$ de raison $q = \dots\dots\dots$

08. Lisa a reçu en héritage une somme de 100 000 € en 2010. À partir de 2011, elle dépense chaque année 5 % de ce qu'il reste de l'héritage l'année précédente. On désire modéliser la situation par une suite u. Ainsi $u(n)$ modélise la somme restante de l'héritage l'année 2011 + n où n désigne un entier naturel.

a. Étape 1. Quel est le coefficient multiplicateur C associé à une baisse de 5 % ?

$C =$ .... = ...

b. Étape 2. Nous avons alors

$u(n+1) =$ .... $\times u(n)$

c. Étape 3. La suite u est donc

.... de raison $q =$ ....

À VOUS DE JOUER

09. En 2005, il y avait 2,5 tonnes d'algues dans un lac. Depuis 2006, la quantité d'algues augmente de 3,5 % par an dans ce lac. On désire modéliser la situation par une suite v. Ainsi $v(n)$ modélise le nombre de tonnes d'algues dans le lac l'année 2006 + n où n désigne un entier naturel.

Quelle est la nature de la suite v ? Quelle est sa raison ?

....

....

10. Depuis 2000, la consommation de charbon diminue de 1,5 % tous les ans dans le monde. On désire modéliser la situation par une suite u. Ainsi u_n modélise le nombre de tonnes de charbon consommé dans le monde l'année 2000 + n où n désigne un entier naturel.

Quelle est la nature de la suite u ? Quelle est sa raison ?

....

....

11. Depuis 10 ans, la consommation d'électricité augmente annuellement de 3 %. Peut-on modéliser cette situation par une suite géométrique ? Si c'est le cas indiquer la raison.

....

....

12. Depuis 2005, un livret d'épargne rapporte 0,8 % d'intérêts annuels (intérêts composés). Peut-on modéliser cette situation par une suite géométrique ? Si c'est le cas indiquer la raison.

....

....

13. Depuis 10 ans, la consommation d'électricité augmente annuellement de 3 %. Peut-on modéliser cette situation par une suite géométrique ? Si c'est le cas indiquer la raison.

....

....

14. Depuis le début de sa carrière, le salaire de Clara augmente de 0,5 % par an. Peut-on modéliser cette situation par une suite géométrique ? Si c'est le cas indiquer la raison.

....

....

15. Un arbre dans un jardin grandit en moyenne de 10 cm tous les ans. Peut-on modéliser cette situation par une suite géométrique ? Si c'est le cas indiquer la raison.

....

....

16. Un livret d'épargne rapporte chaque année 1,5 %. On y ajoute en plus chaque premier janvier 1000 €. Peut-on modéliser cette situation par une suite géométrique ? Si c'est le cas indiquer la raison.

....

....

17. Lors d'un essai clinique, on s'aperçoit que le nombre de bactéries d'un produit double toutes les deux heures. Peut-on modéliser cette situation par une suite géométrique ? Si c'est le cas indiquer la raison.

....

....

18. Un enfant a un exercice à faire. Il doit compléter la suite : 1 ; 3 ; 7 ; ... en appliquant le principe suivant : on double le nombre précédent et on ajoute 1.

Peut-on modéliser cette situation par une suite géométrique ? Si c'est le cas indiquer la raison.

....

....

....

19. À partir de 30 °C, l'eau d'un réservoir de pluie commence à s'évaporer. Pour chaque degré au-dessus de 30 °C, le réservoir perd 2 % de son volume en litre. Peut-on modéliser cette situation par une suite géométrique ? Si c'est le cas indiquer la raison.

....

....

....

20. Depuis quelques années, la taille d'une entreprise augmente de 17 % par an. Peut-on modéliser cette situation par une suite géométrique ? Si c'est le cas indiquer la raison.

....

....

....

21. Une association de pêche gère la population de poissons dans un lac. À cause de la pêche, le nombre de poissons diminue de 5 % chaque année. Pour compenser cela, l'association réintroduit tous les ans 500 poissons. Peut-on modéliser cette situation par une suite géométrique ? Si c'est le cas indiquer la raison.

....

....

....

22. Un grand fabricant automobile a remarqué qu'il perdait 2 % de parts de marché tous les ans depuis 15 ans. Peut-on modéliser cette situation par une suite géométrique ? Si c'est le cas indiquer la raison.

....

....

....

23. Marc gère une société de services. Tous les ans il gagne 15 % de nouveaux clients et perd 10 clients dans le même temps. Peut-on modéliser cette situation par une suite géométrique ? Si c'est le cas indiquer la raison.

....

....

....

24. Ivan a contracté un prêt immobilier il y a 5 ans. Avec ses remboursements, chaque année sa dette diminue de 12 000 €. Peut-on modéliser cette situation par une suite géométrique ? Si c'est le cas indiquer la raison.

....

....

....

25. Le nombre de candidats à un concours baisse chaque année de 3 %. Peut-on modéliser cette situation par une suite géométrique ? Si c'est le cas indiquer la raison.

....

....

....

3 BILAN INTERMÉDIAIRE • CHAPITRE 2

Pour les questions 1 à 3, on utilisera la situation suivante :

On a relevé le prix du kilogramme de café de la marque Miam Bio. On a pris l'année 2017 comme base 100.

Année	**2017**	**2018**	**2019**	**2020**
Prix en €	32	33,6		
Indice	100		120	131

01 Déterminer l'évolution en pourcentage du prix du café Miam Bio entre les années 2017 et 2020.	
02 Déterminer l'indice du prix du café Miam Bio en 2018.	
03 Déterminer le prix du café Miam Bio en 2019.	
04 Un article augmente de 10 % puis de 50 %. Quel est le taux d'évolution global de cet article exprimé en pourcentage ?	
05 Un article augmente de 30 % puis baisse de 30 %. Quel est le taux d'évolution global de cet article exprimé en pourcentage ?	
06 Un article baisse de 40 % puis de 20 %. Quelle est la baisse globale de cet article ? Donner la réponse en pourcentage.	
07 Quel est le taux réciproque associé à une hausse de 15 % ? Donner le résultat sous forme fractionnaire.	
08 Quel est le taux réciproque associé à une baisse de 25 % ? Donner le résultat sous forme décimale arrondie à l'unité.	
09 Dans une île du Pacifique, les lapins prolifèrent. Leur population double tous les ans depuis 20 ans. On désire modéliser la situation par une suite u. Ainsi $u(n)$ modélise le nombre de lapins l'année 2000 + n où n désigne un entier naturel. Quelle est la nature de la suite u ? Quelle est sa raison ?	
10 Depuis 2011, mon salaire augmente chaque année de 1,8 %. On désire modéliser mon salaire par une suite v. Ainsi v_n modélise mon salaire l'année 2011 + n où n désigne un entier naturel. Quelle est la nature de la suite v ? Quelle est sa raison ?	

4 BILAN INTERMÉDIAIRE • CHAPITRES 1 ET 2

01	Augmenter une quantité de 12 %, c'est multiplier cette quantité par ...	
02	Cet été, j'ai parcouru 1200 km. Les $\frac{2}{3}$ de mes trajets ont eu lieu en France. En France, l'autoroute représente 40 % de mes trajets. Sur l'ensemble de mon parcours, quelle est la proportion des trajets effectués en France sur autoroute ?	
03	Quel est le taux réciproque associé à une hausse de 30 % ? Exprimer le résultat sous forme fractionnaire.	
04	Après une hausse de 30 %, un article coûte 416 €. Quel est le prix d'origine de cet article ?	
05	Dans un lycée de 1 500 élèves, il y a 600 filles. Quelle est la proportion de garçons dans le lycée ? Donner le résultat sous forme de fraction irréductible.	
06	Un article baisse de 20 % puis augmente de 30 %. Quelle est l'évolution globale du prix de cet article ? Exprimer le résultat en pourcentage.	
07	Depuis 25 ans, le taux de pauvreté recule de 2 % chaque année dans le monde. On désire modéliser ce taux par une suite v. Ainsi v_n modélise le taux de pauvreté l'année $1995 + n$ où n désigne un entier naturel. Quelle est la nature de la suite v ? Quelle est sa raison ?	

Pour les questions 8 à 10, on utilisera le tableau suivant :

Année	**2017**	**2018**	**2019**	**2020**
Chiffre d'affaires en millions d'euros	220			
Indice	100	95	80	96

08	Déterminer le taux d'évolution du chiffre d'affaires entre les années 2019 et 2020.	
09	Si le chiffre d'affaires avait été de 100 en 2017, il aurait été de .... en 2019.	
10	Déterminer le chiffre d'affaires exprimé en millions d'euros l'année 2018.	

1 EFFECTUER DES OPÉRATIONS ET DES COMPARAISONS ENTRE DES FRACTIONS SIMPLES

Soit a, b, c, d quatre réels, avec b et d non nuls.

Soit également k un réel non nul.

- Pour **additionner** (ou soustraire) des fractions ayant le même dénominateur, il suffit d'additionner (ou soustraire) les numérateurs et de conserver le dénominateur commun.
  Autrement dit, $\frac{a}{b}+\frac{c}{b}=\frac{a+c}{b}$ et $\frac{a}{b}-\frac{c}{b}=\frac{a-c}{b}$.
- Pour **multiplier** deux fractions, il suffit de multiplier les numérateurs entre eux et les dénominateurs entre eux.
  Autrement dit, $\frac{a}{b}\times\frac{c}{d}=\frac{a\times c}{b\times d}$.
- **Diviser** par une fraction revient à multiplier par son inverse.
  Autrement dit, si c est non nul, $\frac{a}{b}\div\frac{c}{d}=\frac{a}{b}\times\frac{d}{c}=\frac{a\times d}{b\times c}$.
- Une fraction ne change pas si on multiplie (ou divise) le numérateur et le dénominateur par un même nombre réel non nul.
  Autrement dit, $\frac{a}{b}=\frac{a\times k}{b\times k}=\frac{a\div k}{b\div k}$.
- Si deux fractions ont le même dénominateur positif, elles sont rangées dans l'ordre croissant de leur numérateur.
  Autrement dit, si $b>0$, $\frac{a}{b}<\frac{c}{b}$ si et seulement si $a<c$.
- Pour **comparer** deux fractions ayant un dénominateur positif, on peut utiliser le produit en croix.
  Autrement dit, si $b>0$ et $d>0$, $\frac{a}{b}<\frac{c}{d}$ ssi $ad<bc$ ssi $ad-bc<0$.

ASTUCE

- Pour additionner (ou soustraire) des fractions n'ayant pas le même dénominateur, on peut d'abord les réduire au même dénominateur.
- La règle de multiplication (ou division) du numérateur et du dénominateur d'une fraction est utile pour la réduction au même dénominateur par exemple.

POUR BIEN DÉMARRER

01. En s'inspirant de l'exemple suivant, rendre les fractions proposées irréductibles.

Exemple : $\frac{154}{98}=\frac{154\div 2}{98\div 2}=\frac{77}{49}=\frac{77\div 7}{49\div 7}=\frac{11}{7}$

a. $\frac{240}{126}=\frac{240\div \ldots}{126\div \ldots}=\frac{120}{63}$

$=\frac{120\div \ldots}{63\div \ldots}=\frac{\ldots}{\ldots}$

b. $\frac{525}{200}=\frac{525\div \ldots}{200\div \ldots}=\frac{105}{40}$

$=\frac{105\div \ldots}{40\div \ldots}=\frac{\ldots}{\ldots}$

c. $\frac{63}{42}=\ldots$

d. $\frac{420}{990}=\ldots$

e. $\frac{224}{756}=\ldots$

PAS À PAS

02. En s'inspirant de l'exemple, calculer les différentes sommes proposées. Écrire les résultats sous la forme d'une fraction irréductible.

Exemple : $\frac{7}{12}+\frac{11}{12}=\frac{7+11}{12}=\frac{18}{12}=\frac{18\div6}{12\div6}=\frac{3}{2}$

a. $\frac{1}{4}+\frac{5}{4}=\frac{\ldots\ldots+\ldots\ldots}{\ldots\ldots}=\frac{\ldots\ldots}{\ldots\ldots}$

$=\frac{\ldots\ldots\div\ldots\ldots}{\ldots\ldots\div\ldots\ldots}=\frac{\ldots\ldots}{\ldots\ldots}$

b. $\frac{7}{4}+\frac{8}{4}=\frac{\ldots\ldots+\ldots\ldots}{\ldots\ldots}=\frac{\ldots\ldots}{\ldots\ldots}$

$=\frac{\ldots\ldots\div\ldots\ldots}{\ldots\ldots\div\ldots\ldots}=\frac{\ldots\ldots}{\ldots\ldots}$

c. $\frac{1}{100}+\frac{19}{100}=\frac{\ldots\ldots+\ldots\ldots}{\ldots\ldots}=\frac{\ldots\ldots}{\ldots\ldots}$

$=\frac{\ldots\ldots\div\ldots\ldots}{\ldots\ldots\div\ldots\ldots}=\frac{\ldots\ldots}{\ldots\ldots}$

03. En s'inspirant de l'exemple, calculer les différentes sommes proposées. Écrire les résultats sous la forme d'une fraction irréductible.

Exemple : $\frac{5}{7}+\frac{9}{16}=\frac{5\times16}{7\times16}+\frac{9\times7}{16\times7}=\frac{80}{112}+\frac{63}{112}$

$=\frac{80+63}{112}=\frac{143}{112}$

a. $\frac{9}{4}+\frac{11}{5}=\frac{9\times\ldots\ldots}{4\times\ldots\ldots}+\frac{11\times\ldots\ldots}{5\times\ldots\ldots}$

$=\frac{\ldots\ldots}{\ldots\ldots}+\frac{\ldots\ldots}{\ldots\ldots}=\frac{\ldots\ldots}{\ldots\ldots}$

b. $\frac{2}{7}+\frac{88}{35}=\frac{2\times\ldots\ldots}{7\times\ldots\ldots}+\frac{88\times\ldots\ldots}{35\times\ldots\ldots}$

$=\frac{\ldots\ldots}{\ldots\ldots}+\frac{\ldots\ldots}{\ldots\ldots}=\frac{\ldots\ldots}{\ldots\ldots}$

c. $\frac{3}{5}+\frac{11}{12}=\frac{3\times\ldots\ldots}{5\times\ldots\ldots}+\frac{11\times\ldots\ldots}{12\times\ldots\ldots}$

$=\frac{\ldots\ldots}{\ldots\ldots}+\frac{\ldots\ldots}{\ldots\ldots}=\frac{\ldots\ldots}{\ldots\ldots}$

04. En s'inspirant de l'exemple, calculer les différents produits proposés. Écrire les résultats sous la forme d'une fraction irréductible.

Exemple : $\frac{1}{2}\times\frac{3}{4}=\frac{1\times3}{2\times4}=\frac{3}{8}$

a. $\frac{5}{6}\times\frac{7}{8}=\frac{\ldots\ldots\times\ldots\ldots}{\ldots\ldots\times\ldots\ldots}=\frac{\ldots\ldots}{\ldots\ldots}$

b. $\frac{13}{14}\times\frac{15}{16}=\frac{\ldots\ldots\times\ldots\ldots}{\ldots\ldots\times\ldots\ldots}=\frac{\ldots\ldots}{\ldots\ldots}$

c. $\frac{9}{10}\times\frac{11}{12}=\frac{\ldots\ldots\times\ldots\ldots}{\ldots\ldots\times\ldots\ldots}=\frac{\ldots\ldots}{\ldots\ldots}$

$=\frac{\ldots\ldots\div\ldots\ldots}{\ldots\ldots\div\ldots\ldots}=\frac{\ldots\ldots}{\ldots\ldots}$

05. En s'inspirant de l'exemple, calculer les différentes divisions proposées. Écrire les résultats sous la forme d'une fraction irréductible.

Exemple : $\frac{2}{11}\div\frac{7}{5}=\frac{2}{11}\times\frac{5}{7}=\frac{2\times5}{11\times7}=\frac{10}{77}$

a. $\frac{1}{7}\div\frac{6}{5}=\frac{\ldots\ldots}{\ldots\ldots}\times\frac{\ldots\ldots}{\ldots\ldots}=\frac{\ldots\ldots\times\ldots\ldots}{\ldots\ldots\times\ldots\ldots}=\frac{\ldots\ldots}{\ldots\ldots}$

b. $\frac{2}{3}\div\frac{12}{17}=\frac{\ldots\ldots}{\ldots\ldots}\times\frac{\ldots\ldots}{\ldots\ldots}=\frac{\ldots\ldots\times\ldots\ldots}{\ldots\ldots\times\ldots\ldots}=\frac{\ldots\ldots}{\ldots\ldots}$

$=\frac{\ldots\ldots\times\ldots\ldots}{\ldots\ldots\times\ldots\ldots}=\frac{\ldots\ldots}{\ldots\ldots}$

c. $\frac{9}{10} \div \frac{3}{8} = \frac{\ldots\ldots}{\ldots\ldots} \times \frac{\ldots\ldots}{\ldots\ldots} = \frac{\ldots\ldots \times \ldots\ldots}{\ldots\ldots \times \ldots\ldots} = \frac{\ldots\ldots}{\ldots\ldots}$

$= \frac{\ldots\ldots \div \ldots\ldots}{\ldots\ldots \div \ldots\ldots} = \frac{\ldots\ldots}{\ldots\ldots}$

06. En s'inspirant de l'exemple, comparer les fractions suivantes.

Exemple : $\frac{5}{7}$ ...... $\frac{19}{7}$

Ici, les fractions ont le même dénominateur positif, qui est 7.

Les numérateurs de ces fractions sont 5 et 19.

On compare les numérateurs : 5 < 19.

Donc, $\frac{5}{7} < \frac{19}{7}$.

a. $\frac{150}{19}$ ...... $\frac{25}{19}$

Ici, les fractions ont le même dénominateur positif qui est ....

Les numérateurs de ces fractions sont .... et ....

On compare les numérateurs : ....

Donc, $\frac{150}{19}$ ...... $\frac{25}{19}$.

b. $\frac{21}{34}$ ...... $\frac{77}{34}$

Ici, les fractions ont le même dénominateur positif qui est ....

Les numérateurs de ces fractions sont .... et ....

On compare les numérateurs : ....

Donc, $\frac{21}{34}$ ...... $\frac{77}{34}$.

07. En s'inspirant de l'exemple, comparer les fractions suivantes.

Exemple : $-\frac{3}{10}$ ...... $-\frac{7}{10}$

Ici, les fractions sont négatives. On porte le signe "–" sur le numérateur. Cela revient donc à comparer $\frac{-3}{10}$ *et* $\frac{-7}{10}$.

Les fractions ont le même dénominateur positif, qui est 10.

Les numérateurs de ces fractions sont –3 et –7.

On compare les numérateurs : –3 > –7.

Donc, $-\frac{3}{10} > -\frac{7}{10}$.

a. $-\frac{5}{9}$ ...... $-\frac{11}{9}$

Ici, les fractions sont négatives. On porte le signe "–" sur le numérateur. Cela revient donc à comparer .... et ....

Les fractions ont le même dénominateur positif qui est ....

Les numérateurs de ces fractions sont .... et ....

On compare les numérateurs : ....

Donc, $-\frac{5}{9}$ ...... $-\frac{11}{9}$.

b. $-\frac{65}{27}$ ...... $-\frac{151}{27}$

Ici, les fractions sont négatives. On porte le signe "–" sur le numérateur. Cela revient donc à comparer .... et ....

Les fractions ont le même dénominateur positif qui est ....

Les numérateurs de ces fractions sont .... et ....

On compare les numérateurs : ....

Donc, $-\frac{65}{27}$ ...... $-\frac{151}{27}$.

08. En s'inspirant de l'exemple, comparer les fractions positives suivantes.

Exemple : $\frac{2}{5}$ ...... $\frac{11}{14}$

On calcule les produits $2\times14=28$ et $5\times11=55$.

On compare les produits : $28<55$.

La fraction dont le numérateur est rouge est alors inférieure à la fraction dont le numérateur est bleu.

Donc, $\frac{2}{5}<\frac{11}{14}$.

a. $\frac{5}{6}$ ...... $\frac{7}{8}$

On calcule les produits ...... × ...... = ... et

...... × ...... = ...

On compare les produits : ....

La fraction dont le numérateur est rouge

est alors .... à la fraction dont le numérateur est bleu.

Donc, $\frac{5}{6}$ ...... $\frac{7}{8}$.

b. $\frac{2}{7}$ ...... $\frac{7}{29}$

On calcule les produits ...... × ...... = ... et

...... × ...... = ...

On compare les produits : ....

La fraction dont le numérateur est rouge

est alors .... à la fraction dont le numérateur est bleu.

Donc, $\frac{2}{7}$ ...... $\frac{7}{29}$.

09. En s'inspirant de l'exemple, comparer les fractions négatives suivantes.

Exemple : $-\frac{3}{17}$ ...... $-\frac{5}{19}$

Ici, les fractions sont négatives. On porte le signe "–" sur le numérateur. Cela revient donc à comparer $\frac{-3}{17}$ et $\frac{-5}{19}$.

On calcule les produits $-3\times19=-57$ et $17\times(-5)=-85$.

On compare les produits : $-57>-85$.

La fraction dont le numérateur est rouge est alors supérieure à la fraction dont le numérateur est bleu.

Donc, $-\frac{3}{17}>-\frac{5}{19}$.

a. $-\frac{16}{31}$ ...... $-\frac{3}{5}$

Ici, les fractions sont négatives. On porte le signe "–" sur le numérateur. Cela revient

donc à comparer $\frac{-\,......}{......}$ et $\frac{-\,......}{......}$.

On calcule les produits – ...... × ...... = ...

et ...... × (– ......) = ...

On compare les produits : ....

La fraction dont le numérateur est rouge

est alors .... à la fraction dont le numérateur est bleu.

Donc, $-\frac{16}{31}$ ...... $-\frac{3}{5}$.

b. $-\frac{7}{10}$ ...... $-\frac{19}{30}$

Ici, les fractions sont négatives. On porte le signe "–" sur le numérateur. Cela revient

donc à comparer $\frac{-\,......}{......}$ et $\frac{-\,......}{......}$.

On calcule les produits – ...... × ...... = ...

et ...... × (– ......) = ...

On compare les produits : ....

La fraction dont le numérateur est rouge

est alors .... à la fraction dont le numérateur est bleu.

Donc, $-\frac{7}{10}$ ...... $-\frac{19}{30}$.

À VOUS DE JOUER

10. Calculer $\frac{11}{9}+\frac{10}{9}$. Donner le résultat sous la forme d'une fraction irréductible.

....

....

....

11. Calculer $\frac{15}{17}-\frac{6}{17}$. Donner le résultat sous la forme d'une fraction irréductible.

....

....

....

12. Calculer $\frac{5}{28}-\frac{12}{28}$. Donner le résultat sous la forme d'une fraction irréductible.

....

....

....

13. Calculer $\frac{4}{3}+\frac{9}{8}$. Donner le résultat sous la forme d'une fraction irréductible.

....

....

....

14. Calculer $\frac{7}{3}-\frac{5}{4}$. Donner le résultat sous la forme d'une fraction irréductible.

....

....

....

15. Calculer $\frac{8}{5}-\frac{1}{9}$. Donner le résultat sous la forme d'une fraction irréductible.

....

....

....

16. Calculer $\frac{8}{3}\times\frac{7}{16}$. Donner le résultat sous la forme d'une fraction irréductible.

....

....

....

17. Calculer $\frac{1}{8}\times\frac{2}{7}$. Donner le résultat sous la forme d'une fraction irréductible.

....

....

....

18. Calculer $\frac{7}{6}\div\frac{3}{8}$. Donner le résultat sous la forme d'une fraction irréductible.

....

....

....

19. Calculer $\frac{2}{7}\div\frac{8}{3}$. Donner le résultat sous la forme d'une fraction irréductible.

....

....

....

20. Calculer $\dfrac{\dfrac{4}{7}}{\dfrac{16}{9}}$. Donner le résultat sous la forme d'une fraction irréductible.

....

....

....

21. Calculer $\dfrac{\dfrac{2}{9}}{\dfrac{2}{5}}$. Donner le résultat sous la forme d'une fraction irréductible.

....

....

....

22. Comparer $\frac{2}{5}$ et $\frac{4}{5}$.

....

....

....

23. Comparer $-\frac{8}{7}$ et $-\frac{9}{7}$.

....

....

....

24. Comparer $\frac{9}{2}$ et $\frac{6}{5}$.

....

....

....

25. Comparer $\frac{4}{7}$ et $\frac{5}{8}$.

....

....

....

26. Comparer $-\frac{9}{2}$ et $-\frac{2}{3}$.

....

....

....

27. Comparer $-\frac{3}{7}$ et $-\frac{7}{9}$.

....

....

....

2 EFFECTUER DES OPÉRATIONS SUR LES PUISSANCES

Soit a,b deux réels non nuls et m,n deux entiers relatifs.

- Si $n>0, a^n=\underbrace{a\times a\times\ldots\times a}_{n \text{ facteurs } a}$ et $a^{-n}=\dfrac{1}{a^n}$
- $a^0=1, a^1=a$
- $a^m\times a^n=a^{m+n}, \dfrac{a^m}{a^n}=a^{m-n}$ et $\left(a^m\right)^n=a^{m\times n}$
- $(a\times b)^n=a^n\times b^n$ et $\left(\dfrac{a}{b}\right)^n=\dfrac{a^n}{b^n}$
- Identités remarquables :
  $(a+b)^2=a^2+2ab+b^2, (a-b)^2=a^2-2ab+b^2$ et
  $a^2-b^2=(a+b)(a-b)$

ASTUCE

Si $n\geq 2, (a+b)^n\neq a^n+b^n$ et $(a-b)^n\neq a^n-b^n$.
Ainsi, pour développer une expression de la forme $(a+b)^n$ ou $(a-b)^n$, on pourra utiliser les identités remarquables.

POUR BIEN DÉMARRER

01. Écrire $37\times37\times37\times37\times37$ sous la forme d'une puissance de 37.

....

....

02. Écrire $\dfrac{1}{56^{58}}$ sous la forme d'une puissance de 56.

....

....

03. Écrire $7^5\times7^9$ sous la forme d'une puissance de 7.

....

....

04. Écrire $\dfrac{11^5}{11^2}$ sous la forme d'une puissance de 11.

....

....

05. Écrire $\left(2^8\right)^6$ sous la forme d'une puissance de 2.

....

....

06. Écrire $8^4\times9^4$ sous la forme d'une puissance de 72.

....

....

07. Écrire $\dfrac{40^9}{8^9}$ sous la forme d'une puissance de 5.

....

....

PAS À PAS

08. Écrire 72 sous la forme $2^a\times3^b$.

a. On commence par décomposer 72 à l'aide des tables de multiplication.

On a donc 72 = ... × ......

b. Ensuite, on décompose .... sous la forme d'une puissance de 2 et on décompose .... sous la forme d'une puissance de 3.

On a donc : $72=2^{\cdots}\times3^{\cdots}$.

09. Écrire 45^6 sous la forme $3^a \times 5^b$.

a. On commence par décomposer 45 à l'aide des tables de multiplication.

On a donc 45 = …… × ……

b. Ensuite, on décompose …… sous la forme d'une puissance de 3 et on décompose

…… sous la forme d'une puissance de 5.

c. Enfin, on applique les règles sur les puissances pour écrire 45^6 sous la forme $3^a \times 5^b$.

On a donc : $45^6 = (3^{\dots} \times 5^{\dots})^6 = (3^{\dots})^6$

$\times (5^{\dots})^6 = 3^{\dots \times 6} \times 5^{\dots \times 6} = 3^{\dots} \times 5^{\dots}$.

10. Écrire $36^5 \times 24^3$ sous la forme $2^a \times 3^b$.

a. On commence par décomposer 36 à l'aide des tables de multiplication.

On a donc 36 = …… × ……

b. Ensuite, on décompose …… sous la forme d'une puissance de 2 et on décompose

…… sous la forme d'une puissance de 3.

c. Enfin, on applique les règles sur les puissances pour écrire 36^5 sous la forme $2^{a'} \times 3^{b'}$.

On a donc :

$36^5 = (2^{\dots} \times 3^{\dots})^5 = (2^{\dots})^5 \times (3^{\dots})^5$

$= 2^{\dots \times 5} \times 3^{\dots \times 5} = 2^{\dots} \times 3^{\dots}$.

d. On décompose ensuite 24 à l'aide des tables de multiplication.

On a donc 24 = …… × ……

e. Ensuite, on décompose …… sous la forme d'une puissance de 2 et on décompose

…… sous la forme d'une puissance de 3.

f. Enfin, on applique les règles sur les puissances pour écrire 24^3 sous la forme $2^{a''} \times 3^{b''}$.

On a donc :

$24^3 = (2^{\dots} \times 3^{\dots})^3 = (2^{\dots})^3 \times (3^{\dots})^3$

$= 2^{\dots \times 3} \times 3^{\dots \times 3} = 2^{\dots} \times 3^{\dots}$.

g. À l'aide des règles sur les puissances, on en déduit que :

$36^5 \times 24^3 = 2^{\dots} \times 3^{\dots} \times 2^{\dots} \times 3^{\dots}$

$= 2^{\dots + \dots} \times 3^{\dots + \dots} = 2^{\dots} \times 3^{\dots}$.

11. Écrire $\dfrac{20^8}{100^4}$ sous la forme $2^a \times 5^b$.

a. On commence par décomposer 20 à l'aide des tables de multiplication.

On a donc 20 = …… × ……

b. Ensuite, on décompose …… sous la forme d'une puissance de 2 et on décompose

…… sous la forme d'une puissance de 5.

c. Enfin, on applique les règles sur les puissances pour écrire 20^8 sous la forme $2^{a'} \times 5^{b'}$.

On a donc :

$20^8 = (2^{\dots} \times 5^{\dots})^8 = (2^{\dots})^8 \times (5^{\dots})^8$

$= 2^{\dots \times 8} \times 5^{\dots \times 8} = 2^{\dots} \times 5^{\dots}$.

d. On décompose ensuite 100. On a donc :

100 = …… × ……

e. Ensuite, on décompose …… sous la forme d'une puissance de 2 et on décompose

…… sous la forme d'une puissance de 5.

f. Enfin, on applique les règles sur les puissances pour écrire 100^3 sous la forme $2^{a''} \times 5^{b''}$.

On a donc :

$100^4 = (2^{\dots} \times 5^{\dots})^4 = (2^{\dots})^4 \times (5^{\dots})^4$

$= 2^{\dots \times 4} \times 5^{\dots \times 4} = 2^{\dots} \times 5^{\dots}$.

g. À l'aide des règles sur les puissances, on en déduit que :

$\dfrac{20^8}{100^4} = \dfrac{2^{\dots} \times 5^{\dots}}{2^{\dots} \times 5^{\dots}} = 2^{\dots} \times 5^{\dots} = 2^{\dots} \times 5^{\dots}$.

À VOUS DE JOUER

12. Écrire 88 sous la forme $2^a \times 11^b$.

13. Écrire 94 sous la forme $2^a \times 47^b$.

14. Écrire 175 sous la forme $5^a \times 7^b$.

15. Écrire 64^5 sous la forme d'une puissance de 2.

16. Écrire 27^4 sous la forme d'une puissance de 3.

17. Écrire 125^7 sous la forme d'une puissance de 5.

18. Écrire 48×54 sous la forme $2^a \times 3^b$.

19. Écrire $75^4 \times 27^8$ sous la forme $3^a \times 5^b$.

20. Écrire $30^2 \times 12^3 \times 60^4$ sous la forme $2^a \times 3^b \times 5^c$.

21. Écrire $\frac{42}{56}$ sous la forme $2^a \times 3^b \times 7^c$.

22. Écrire $\frac{7^2}{63}$ sous la forme $3^a \times 7^b$.

23. Écrire $\frac{75^8}{15^4}$ sous la forme $3^a \times 5^b$.

24. Écrire $\frac{12^5}{3^4 \times 2^{11}}$ sous la forme $2^a \times 3^b$.

25. Écrire $\frac{36^5}{8^3 \times 27^4}$ sous la forme $2^a \times 3^b$.

26. Écrire $8 \times (7 \times 5)^5 \times \frac{5^2 \times 7^3}{7^4 \times 5^5} \times (7^{-2})^2$ sous la forme $2^a \times 5^b \times 7^c$.

27. Écrire $9 \times \left(\frac{2}{3}\right)^2 \times \frac{5 \times 2^2}{(3^2 \times 2)^4}$ sous la forme $2^a \times 3^b \times 5^c$.

28. Écrire $\frac{(3 \times 10 - 2)^3 \times (5^3 \times 10^4)^2}{6 \times 10^3 \times 25 \times 10^7}$ sous la forme $2^a \times 3^b \times 5^c \times 7^d$.

3 PASSER D'UNE ÉCRITURE D'UN NOMBRE À UNE AUTRE (DÉCIMALE, FRACTIONNAIRE, SCIENTIFIQUE)

- **Un nombre est écrit sous forme décimale lorsqu'il est écrit sous la forme d'un nombre à virgule.**

Pour écrire une fraction sous forme décimale, il suffit d'effectuer la division de son numérateur par son dénominateur.

Par exemple : $\frac{123}{45} \approx 2,7333\ldots$ (avec une infinité de chiffres '3').

L'écriture décimale d'un nombre à 10^{-n} près (où n est un entier naturel non nul) est celle qui comporte n chiffres après la virgule.

L'écriture décimale de $\frac{123}{45}$ à 10^{-3} près (on dit aussi au millième) est donc 2,733.

- **Un nombre est écrit sous forme fractionnaire lorsqu'il est écrit sous la forme $\frac{a}{b}$ où a et b sont deux entiers et b est non nul.**

Par exemple : $123,45 = 123,45 \times 10^{-2} = \frac{12345}{10^2} = \frac{12345}{100}$.

Pour rendre une fraction irréductible, il suffit de diviser son numérateur et son dénominateur par des facteurs communs.

Par exemple : $\frac{12345}{100} = \frac{12345 \div 5}{100 \div 5} = \frac{2469}{20}$.

- **Un nombre est écrit sous forme scientifique lorsqu'il est écrit sous la forme $a \times 10^n$ où a est un nombre décimal (avec $1 \leq a < 10$) et n est un entier relatif.**

Par exemple : l'écriture scientifique de $123,45 = 1,2345 \times 10^2$ et celle de $0,0012345 = 1,2345 \times 10^{-3}$.

ASTUCES

- Pour **rendre irréductible** la fraction obtenue à partir d'une écriture décimale, notons que seules des simplifications par des puissances de 2 et de 5 peuvent être effectuées (puisque l'on écrit une puissance de 10 au dénominateur).
- Pour **arrondir l'écriture décimale** d'un nombre à 10^{-n} près, on regarde la $(n+1)^e$ décimale de ce nombre :
  - si elle est égale à 0, 1, 2, 3 ou 4, alors on conserve la n^e décimale ;
  - si elle est égale à 5, 6, 7, 8 ou 9, alors on augmente la n^e décimale d'une unité.
- Pour **déterminer la puissance de 10 dans l'écriture scientifique** d'un nombre, il suffit de compter le nombre de déplacements de la virgule. Si on la décale vers la gauche, alors la puissance est positive et si on la décale vers la droite, alors la puissance est négative.

PAS À PAS

01. Écrire sous forme fractionnaire le nombre 74,91. Donner le résultat sous la forme d'une fraction irréductible.

On commence par écrire 74,91 sous la forme d'une fraction dont le dénominateur est égal à 1, puis on multiplie par une puissance de 10 pour rendre le numérateur entier. Ne reste alors plus qu'à rendre la fraction irréductible (si elle ne l'est pas déjà !).

Ici, $74,91 = \frac{\ldots\ldots}{1} = \frac{\ldots\ldots}{10^{\ldots\ldots}} = \frac{\ldots\ldots}{\ldots\ldots}$.

02. Écrire sous forme décimale la fraction $\frac{93}{28}$. On arrondira le résultat à 10^{-3}.

On effectue la division de 28 par 93 et on s'arrête lorsque le quotient a 4 chiffres après la virgule.

93	28
−......	...... , ...
......0	
−......	
......0	
−......	
......0	
−......	
......0	
−......	
......	

On a donc : $\frac{93}{28} \approx$ ...... , ...

03. Écrire sous forme scientifique le nombre 855,8.

Ici, on doit décaler la virgule vers la gauche, si bien que la puissance de 10 sera positive.

On a : 855,8 = 8,558 × 10......

04. Écrire sous forme scientifique le nombre 0,8823.

Ici, on doit décaler la virgule vers la droite, si bien que la puissance de 10 sera négative.

On a : 0,8823 = 8,823 × 10......

05. Écrire sous forme décimale, sans puissance de 10, le nombre dont l'écriture scientifique est $3{,}87615 \times 10^4$.

Ici, la puissance étant positive, on décale la virgule vers la droite.

On a : $3{,}87615 \times 10^4 =$ ......

06. Écrire sous forme décimale, sans puissance de 10, le nombre dont l'écriture scientifique est $3{,}354 \times 10^{-3}$.

Ici, la puissance étant négative, on décale la virgule vers la gauche (en ajoutant des '0' si besoin).

On a : $3{,}354 \times 10^{-3} =$ ......

À VOUS DE JOUER

07. Écrire sous forme fractionnaire le nombre 14,129.

Donner le résultat sous la forme d'une fraction irréductible.

....

....

08. Écrire sous forme fractionnaire le nombre 63,02.

Donner le résultat sous la forme d'une fraction irréductible.

....

....

09. Écrire sous forme fractionnaire le nombre 0,59507.

Donner le résultat sous la forme d'une fraction irréductible.

....

....

10. Écrire sous forme fractionnaire le nombre 0,274.

Donner le résultat sous la forme d'une fraction irréductible.

....

....

11. Écrire sous forme décimale la fraction $\frac{75}{59}$.
On arrondira le résultat à 10^{-1}.

....

....

12. Écrire sous forme décimale la fraction $\frac{84}{19}$.
On arrondira le résultat à 10^{-2}.

....

....

13. Écrire sous forme décimale la fraction $\frac{29}{74}$.
On arrondira le résultat à 10^{-3}.

....

....

14. Écrire sous forme décimale la fraction $\frac{62}{71}$.
On arrondira le résultat à 10^{-4}.

....

....

15. Écrire sous forme scientifique le nombre 25,743.

....

....

16. Écrire sous forme scientifique le nombre 9442,7.

....

....

17. Écrire sous forme scientifique le nombre 0,199.

....

....

18. Écrire sous forme scientifique le nombre 0,00018579.

....

....

19. Écrire sous forme décimale, sans puissance de 10, le nombre dont l'écriture scientifique est $0,9692 \times 10^{3}$.

....

....

....

20. Écrire sous forme décimale, sans puissance de 10, le nombre dont l'écriture scientifique est $6,71769 \times 10^{2}$.

....

....

....

21. Écrire sous forme décimale, sans puissance de 10, le nombre dont l'écriture scientifique est $69,384 \times 10^{-1}$.

....

....

....

22. Écrire sous forme décimale, sans puissance de 10, le nombre dont l'écriture scientifique est 7082×10^{-4}.

....

....

....

4 ESTIMER UN ORDRE DE GRANDEUR

On considère un nombre réel écrit sous sa forme scientifique $a \times 10^n$:

- **si $1 \leq a < 5$**, alors l'ordre de grandeur de $a \times 10^n$ est 10^n.
- **si $5 \leq a < 10$**, alors l'ordre de grandeur de $a \times 10^n$ est 10^{n+1}.

L'ordre de grandeur de $1{,}234 \times 10^5$ est 10^5 et l'ordre de grandeur de $5{,}678 \times 10^9$ est 10^{10}.

PAS À PAS

01. Quel est l'ordre de grandeur de 3056635,296 ?

a. On commence par déterminer l'écriture scientifique de 3056635,296.

Ici, on doit décaler la virgule vers la gauche, si bien que la puissance de 10 sera positive.

On a : $3056635{,}296 = 3{,}056635296 \times 10^{\cdots\cdots}$.

b. On compare ensuite 3,056635296 à 5.

Ici, 3,056635296 ...... 5.

c. L'ordre de grandeur de 3056635,296 est donc $10^{\cdots\cdots}$.

02. Quel est l'ordre de grandeur de 50996,15756 ?

a. On commence par déterminer l'écriture scientifique de 50996,15756.

Ici, on doit décaler la virgule vers la gauche, si bien que la puissance de 10 sera positive.

On a : $50996{,}15756 = 5{,}099615756 \times 10^{\cdots\cdots}$.

b. On compare ensuite 5,099615756 à 5.

Ici, 5,099615756 ...... 5.

c. L'ordre de grandeur de 50996,15756 est donc $10^{\cdots\cdots}$.

03. Quel est l'ordre de grandeur de 0,0267583 ?

On commence par déterminer l'écriture scientifique de 0,0267583.

Ici, on doit décaler la virgule vers la droite, si bien que la puissance de 10 sera négative.

On a : $0{,}0267583 = 2{,}67583 \times 10^{\cdots\cdots}$.

On compare ensuite 2,67583 à 5.

Ici, 2,67583 ...... 5.

L'ordre de grandeur de 0,0267583 est donc $10^{\cdots\cdots}$.

04. Quel est l'ordre de grandeur de 0,000070538 ?

On commence par déterminer l'écriture scientifique de 0,000070538.

Ici, on doit décaler la virgule vers la droite, si bien que la puissance de 10 sera négative.

On a : $0{,}000070538 = 7{,}0538 \times 10^{\cdots\cdots}$.

On compare ensuite 7,0538 à 5.

Ici, 7,0538 ...... 5.

L'ordre de grandeur de 0,000070538 est donc $10^{\cdots}$.

À VOUS DE JOUER

05. Quel est l'ordre de grandeur de 0,28386 ?

....

....

....

06. Quel est l'ordre de grandeur de 42,949 ?

....

....

....

07. Quel est l'ordre de grandeur de 0,07202 ?

....

....

....

08. Quel est l'ordre de grandeur de 59729 ?

....

....

....

09. Quel est l'ordre de grandeur de 0,57 ?

....

....

....

10. Quel est l'ordre de grandeur de $\frac{1}{2}$?

....

....

....

11. Quel est l'ordre de grandeur de 0,0001621?

....

....

....

12. Quel est l'ordre de grandeur de 90,1?

....

....

....

13. Quel est l'ordre de grandeur de 68,64 ?

....

....

....

14. Quel est l'ordre de grandeur de 452119,7 ?

....

....

....

15. Quel est l'ordre de grandeur de 1 000 π ?

....

....

....

16. Quel est l'ordre de grandeur de 0,0181?

....

....

....

17. Quel est l'ordre de grandeur de 2,07875 ?

....

....

....

18. Quel est l'ordre de grandeur de $\frac{100}{3}$?

....

....

....

5 EFFECTUER DES CONVERSIONS D'UNITÉS

- On rappelle ci-dessous la forme des tableaux de conversion pour l'unité de **longueur** (mètre *m*), l'unité de **masse** (gramme *g*) et l'unité de **capacité** (litre *L*).

Préfixes	kilo	hecto	déca		déci	centi	milli
Unités de longueur	*km*	*hm*	*dam*	*m*	*dm*	*cm*	*mm*
Unités de masse	*kg*	*hg*	*dag*	*g*	*dg*	*cg*	*mg*
Unités de capacité	*kL*	*hL*	*daL*	*L*	*dL*	*cL*	*mL*

- Par exemple, pour convertir 12,3456 *dam* en *cm*, il suffit de placer 12,3456 *dam* dans un tableau de conversion (en plaçant bien la virgule au bout de la colonne des *dam* et en ne mettant qu'un seul chiffre par colonne de part et d'autre de la virgule) et de déplacer la virgule au bout de la colonne des *cm*. On obtient alors :

km	*hm*	*dam*	*m*	*dm*	*cm*	*mm*
	1	2,	3	4	5,	6

D'où : 12,3456 *dam* = 12345,6 *cm*.

- Pour convertir 7,89 *g* en *kg*, il suffit de placer 7,89 *g* dans un tableau de conversion (en plaçant bien la virgule au bout de la colonne des *g* et en ne mettant qu'un seul chiffre par colonne de part et d'autre de la virgule) et de déplacer la virgule au bout de la colonne des *kg* tout en ajoutant des chiffres '0' si nécessaire. On obtient alors :

kg	*hg*	*dag*	*g*	*dg*	*cg*	*mg*
0,	0	0	7,	8	9	

D'où : 7,89 *g* = 0,00789 *kg*.

- Pour les unités d'aire, le principe est analogue, mais il faut prévoir deux colonnes par unité.

Par exemple, 12,345 dm^2 = 1234,5 cm^2 car :

km^2		hm^2		dam^2		m^2		dm^2		cm^2		mm^2	
								1	2,	3	4,	5	

- Pour les unités de volume, le principe est toujours analogue, mais il faut prévoir cette fois trois colonnes par unité. Notons qu'un litre est égal à un décimètre cube.

>>>

Par exemple, $7{,}89\ cm^3 = 0{,}00000789\ m^3 = 0{,}00789\ L$ car :

km^3			hm^3			dam^3			m^3			dm^3			cm^3			mm^3		
											kL	*hL*	*daL*	*L*	*dL*	*cL*	*mL*			
											0,	0	0	0	0	0	7,	8	9	
														0,	0	0	7,	8	9	

- Pour les unités de temps, on a $1\ h = 60\ min$ et $1\ min = 60\ s$ si bien que $1\ h = 3600\ s$.

ASTUCE

Pour convertir une vitesse, on commence par convertir l'unité de longueur, puis on convertit l'unité de temps.

Par exemple, $45\ km.h^{-1} = 45000\ m.h^{-1} = \dfrac{45000}{60}\ m.min^{-1} = 750\ m.min^{-1}$.

PAS À PAS

01. Convertir 5,73 *km* en *m*.

a. On commence par placer 5,73 *km* dans un tableau de conversion en faisant attention à la place de la virgule.

km	*hm*	*dam*	*m*	*dm*	*cm*	*mm*

b. Ensuite, on déplace la virgule vers la droite et on ajoute des '0' si besoin pour arriver jusqu'à la colonne des *m*.

On a donc : 5,73 *km* = ... *m*.

02. Convertir 36,2 *cm* en *dam*.

a. On commence par placer 36,2 *cm* dans un tableau de conversion en faisant attention à la place de la virgule.

km	*hm*	*dam*	*m*	*dm*	*cm*	*mm*

b. Ensuite, on déplace la virgule vers la gauche et on ajoute des '0' si besoin pour arriver jusqu'à la colonne des *dam*.

On a donc : 36,2 *cm* = ... *dam*.

03. Convertir 9,59 *g* en *mg*.

a. On commence par placer 9,59 *g* dans un tableau de conversion en faisant attention à la place de la virgule.

kg	*hg*	*dag*	*g*	*dg*	*cg*	*mg*

b. Ensuite, on déplace la virgule vers la droite et on ajoute des '0' si besoin pour arriver jusqu'à la colonne des *mg*.

On a donc : 9,59 *g* = ... *mg*.

04. Convertir 327,03 *dg* en *hg*.

a. On commence par placer 327,03 *dg* dans un tableau de conversion en faisant attention à la place de la virgule.

kg	hg	dag	g	dg	cg	mg

b. Ensuite, on déplace la virgule vers la gauche et on ajoute des '0' si besoin pour arriver jusqu'à la colonne des *hg*.

On a donc : 327,03 *dg* = ... *hg*.

05. Convertir 301,071 *L* en *cL*.

a. On commence par placer 301,071 *L* dans un tableau de conversion en faisant attention à la place de la virgule.

kL	hL	daL	L	dL	cL	mL

b. Ensuite, on déplace la virgule vers la droite et on ajoute des '0' si besoin pour arriver jusqu'à la colonne des *cL*.

On a donc : 301,071 *L* = ... *cL*.

06. Convertir 839 *mL* en *dL*.

a. On commence par placer 839 *mL* dans un tableau de conversion.

kL	hL	daL	L	dL	cL	mL

b. Ensuite, on place la virgule au niveau de la colonne des *dL*.

On a donc : 839 *mL* = ... *dL*.

07. Convertir 482,75 hm^2 en dam^2.

a. On commence par placer 482,75 hm^2 dans un tableau de conversion en faisant attention à la place de la virgule et en veillant à mettre deux chiffres par unité.

km^2		hm^2		dam^2		m^2		dm^2		cm^2		mm^2	

b. Ensuite, on déplace la virgule vers la droite pour arriver jusqu'à la colonne des dam^2.

On a donc : 482,75 hm^2 = ... dam^2.

08. Convertir 491,1 m^2 en km^2.

a. On commence par placer 491,1 m^2 dans un tableau de conversion en faisant attention à la place de la virgule et en veillant à mettre deux chiffres par unité.

km^2		hm^2		dam^2		m^2		dm^2		cm^2		mm^2	

b. Ensuite, on déplace la virgule vers la gauche et on ajoute des '0' si besoin pour arriver jusqu'à la colonne des km^2.

On a donc : 491,1 m^2 = ... km^2.

09. Convertir 127,34 cm^3 en mm^3.

a. On commence par placer 127,34 cm^3 dans un tableau de conversion en faisant attention à la place de la virgule et en veillant à mettre trois chiffres par unité.

km^3			hm^3			dam^3			m^3			dm^3			cm^3			mm^3		

b. Ensuite, on déplace la virgule vers la droite et on ajoute des '0' si besoin pour arriver jusqu'à la colonne des mm^3.

On a donc : 127,34 cm^3 = ... mm^3.

10. Convertir 1776,8 dam^3 en hm^3.

a. On commence par placer 1776,8 dam^3 dans un tableau de conversion en faisant attention à la place de la virgule et en veillant à mettre trois chiffres par unité.

km^3			hm^3			dam^3			m^3			dm^3			cm^3			mm^3		

b. Ensuite, on déplace la virgule vers la gauche pour arriver jusqu'à la colonne des hm^3.

On a donc : 1776,8 dam^3 = ... hm^3.

11. Convertir 61,72 m^3 en L.

a. On commence par placer 61,72 m^3 dans un tableau de conversion en faisant attention à la place de la virgule et en veillant à mettre trois chiffres par unité de volume.

km^3			hm^3			dam^3			m^3			dm^3			cm^3			mm^3		
											kL	*hL*	*daL*	*L*	*dL*	*cL*	*mL*			

b. Ensuite, on déplace la virgule vers la droite et on ajoute des '0' si besoin pour arriver jusqu'à la colonne des L.

On a donc : 61,72 cm^3 = ... L.

12. Convertir 5,148 *kL* en dam^3.

a. On commence par placer 5,148 *kL* dans un tableau de conversion en faisant attention à la place de la virgule et en veillant à mettre un chiffre par unité de capacité.

km^3			hm^3			dam^3			m^3			dm^3			cm^3			mm^3		
											kL	*hL*	*daL*	*L*	*dL*	*cL*	*mL*			

b. Ensuite, on déplace la virgule vers la gauche et on ajoute des '0' si besoin pour arriver jusqu'à la colonne des dam^3 (attention : il faut compter trois « cases » par unité de volume).

On a donc : 5,148 *kL* = ... dam^3.

13. Convertir 6 *h* 26 *min* 42 *s* sous la forme d'un nombre décimal d'heures.
Si on note *H* le nombre d'heures, *M* le nombre de minutes et *S* le nombre d'heures, alors le nombre décimal d'heures est $H+\frac{M}{60}+\frac{S}{3600}$.

Ici, on a donc 6 *h* 26 *min* 42 *s* = ... + $\frac{\dots\dots}{60}$ + $\frac{\dots\dots}{3600}$ = ..., ... *h*.

14. Convertir 9,34 *h* sous la forme .... *h* .... *min* .... *s*.

a. Le nombre d'heures pleines est la partie entière de 9,34 (c'est-à-dire, pour un nombre positif, la partie située avant la virgule). Dans 9,34 *h*, il y a donc .... *h* pleines.

b. On s'intéresse ensuite à la partie décimale de 9,34. On la multiplie par 60 pour obtenir le nombre décimal de minutes. Ici, on a 0, ... × 60 = ... , ... *min*.

c. Enfin, on s'intéresse à la partie décimale du nombre de minutes. On la multiplie par 60 pour obtenir le nombre de secondes (éventuellement décimal, auquel cas il peut y avoir des dixièmes, des centièmes, des millièmes, ... de secondes). Ici, on a 0, ... × 60 = ... *s*.

d. Finalement : 9,34 h = ... *h* .... *min* .... *s*.

15. Convertir 5 $m.s^{-1}$ en $km.h^{-1}$.

a. On commence par convertir l'unité de longueur : 5 *m* = ... *km*.

b. La distance parcourue en une heure sera 3600 fois plus grande que celle parcourue en une seconde (puisque 1 *h* = 3600 *s*).

Donc : 5 $m.s^{-1}$ = ... $km.s^{-1}$ = ... × 3600 $km.h^{-1}$ = ... $km.h^{-1}$

16. Convertir 54 $dm.min^{-1}$ en $cm.s^{-1}$.

a. On commence par convertir l'unité de longueur : 54 *dm* = ... *cm*.

b. La distance parcourue en une seconde sera 60 fois moindre que celle parcourue en une minute (puisque 1 *min* = 60 *s*).

Donc : 54 $dm.min^{-1}$ = ... $cm.min^{-1}$ = $\frac{\dots\dots}{60}$ $cm.s^{-1}$ = ... $cm.s^{-1}$.

À VOUS DE JOUER

17. Convertir 0,155 m en cm.

18. Convertir 59,498 dag en kg.

19. Convertir 3,066 L en cL.

20. Convertir 5,7003 kL en daL.

21. Convertir 0,98 dm^2 en mm^2.

22. Convertir 386517 cm^2 en m^2.

23. Convertir 37,4644 dam^3 en dm^3.

24. Convertir 0,665 km^3 en hm^3.

25. Convertir 7,045 m^3 en mL.

26. Convertir 8513,53 cL en dam^3.

27. Convertir 7 h 15 min 36 s sous la forme d'un nombre décimal d'heures.

28. Convertir 2,56 h sous la forme ...h...min...s.

29. Convertir 7 $cm.s^{-1}$ en $m.h^{-1}$.

30. Convertir 24 $hm.h^{-1}$ en $dam.min^{-1}$.

31. Sachant qu'un are est égal à 1 dam^2, convertir 250 ares en m^2.

32. Sachant qu'un hectare est égal à 100 ares et qu'un are est égal à 100 m^2, convertir 5 hectares en m^2.

5 BILAN INTERMÉDIAIRE • CHAPITRE 3

01	Calculer $\frac{7}{3}+\frac{3}{5}$. Donner le résultat sous la forme d'une fraction irréductible.	$\frac{7}{3}+\frac{3}{5}=$.........
02	Comparer $\frac{4}{9}$ et $\frac{3}{7}$.	$\frac{4}{9}$ .... $\frac{3}{7}$
03	Écrire $\frac{150^8}{72^2}$ sous la forme $2^a \times 3^b \times 5^c$.	$\frac{150^7}{72^2}=2^{\cdots} \times 3^{\cdots} \times 5^{\cdots}$
04	Simplifier le plus possible $\frac{a^{-2}\times a^{11}}{(a^3)^2}$ (avec $a \in \mathbb{R}^*$).	$\frac{a^{-2}\times a^{11}}{(a^3)^2}=a^{\cdots}$
05	Écrire sous la forme d'une fraction irréductible le nombre 8,52.	$8{,}52=\frac{\cdots}{\cdots}$
06	Donner l'écriture scientifique de 6106,604.	6106,604 =......
07	Quel est l'ordre de grandeur de 879,76 ?	......
08	Quel est l'ordre de grandeur de 0,003776 ?	......
09	Convertir 7,045 *h* sous la forme ...*h*...*min*...*s*.	...... *h* ...... *min* ...... *s*
10	Convertir 72 $km.h^{-1}$ en $m.s^{-1}$.	72 $km.h^{-1}$ = ... $m.s^{-1}$

6 BILAN INTERMÉDIAIRE • CHAPITRES 1 À 3

01	Dans un lycée, 52 % des élèves sont des filles. Parmi elles, 30 % apprennent l'allemand. Calculer le pourcentage de filles apprenant l'allemand dans ce lycée.	
02	Diminuer de 23 % revient à multiplier par :	
03	Après une réduction de 25 %, un article est vendu 60 €. Calculer son prix avant réduction.	
04	Un prix a augmenté de 10 %, puis baissé de 5 %. Calculer le taux d'évolution global sous la forme d'un pourcentage.	
05	Calculer le taux d'évolution réciproque d'une baisse de 50 % sous la forme d'un pourcentage.	
06	Un salarié voit sa rémunération augmenter de 2 % par an. Donner la raison de la suite géométrique associée à une telle hausse annuelle.	
07	Calculer $\dfrac{\frac{1}{6}+\frac{5}{8}}{\frac{2}{3}}$. Donner le résultat sous la forme d'une fraction irréductible.	$\dfrac{\frac{1}{6}+\frac{5}{8}}{\frac{2}{3}}=\dfrac{\ldots\ldots}{\ldots\ldots}$
08	Écrire $\frac{16}{25^3}\times(2\times9)^4\times(5^2)^{-2}$ sous la forme $2^a\times3^b\times5^c$.	$\frac{16}{25^3}\times(2\times9)^4\times(5^2)^{-2}=2^{\ldots\ldots}\times3^{\ldots\ldots}\times5^{\ldots\ldots}$
09	Quel est l'ordre de grandeur de 5658,7982 ?	
10	Convertir 50 cm^3 en L.	50 cm^3 = ……L

1 RÉSOUDRE UNE ÉQUATION OU UNE INÉQUATION DU PREMIER DEGRÉ, UNE ÉQUATION DU TYPE : $x^2 = a$

A. Règles utiles pour une égalité

- **Règle 1** : une égalité ne change pas en ajoutant ou en retranchant un même nombre dans chaque membre de l'égalité.
- **Règle 2** : une égalité ne change pas en multipliant ou en divisant chaque membre de l'égalité par un même nombre non nul.

B. Méthode de résolution d'une équation du premier degré

Pour résoudre une équation du premier degré, on va procéder ainsi :

1. On développe et on réduit les différentes expressions s'il y en a.
2. On utilise la règle 1 pour aboutir à une égalité écrite sous la forme $ax = b \quad (a \neq 0)$.
3. On divise par a chaque membre de l'égalité pour obtenir le résultat.

C. Règles utiles pour une inégalité

- **Règle a** : une inégalité ne change pas de sens en ajoutant ou en retranchant un même nombre dans chaque membre de l'inégalité.
- **Règle b** : une inégalité NE CHANGE PAS DE SENS si on multiplie ou l'on divise chaque membre de l'inégalité par un même nombre POSITIF non nul.
- **Règle c** : une inégalité CHANGE DE SENS si on multiplie ou l'on divise chaque membre de l'inégalité par un même nombre NÉGATIF non nul.

D. Méthode de résolution d'une inéquation du premier degré

Pour résoudre une inéquation du premier degré, on va procéder ainsi :

1. On développe et on réduit les différentes expressions s'il y en a.
2. On utilise la règle 1 pour aboutir à une inégalité écrite sous la forme $ax < b$ $(a \neq 0)$ (ou avec les signes $>$, $\geq$ ou $\leq$).
3. On divise par a chaque membre de l'égalité pour obtenir le résultat. On fait attention au signe de a pour savoir si l'inégalité change de sens ou pas. (voir règles b et c).

E. Règle utile pour une équation du type $x^2 = a$

L'équation $x^2 = a$ admet : $\begin{cases} \textit{aucune solution si } a < 0 \\ x = 0 \textit{ comme solution si } a = 0 \\ x = \sqrt{a} \textit{ et } x = -\sqrt{a} \textit{ comme solutions si } a > 0 \end{cases}$

F. Méthode de résolution d'une équation du type $x^2 = a$

Pour résoudre une équation du type $x^2 = a$:

1. On développe et on réduit les différentes expressions s'il y en a.
2. On utilise la règle 1 pour aboutir à une égalité écrite sous la forme $mx^2 = p$ $(m \neq 0)$.
3. On divise par m chaque membre de l'égalité pour obtenir l'équation sous la forme $x^2 = a$. (règle 2)
4. On applique la règle sur les équations du type $x^2 = a$.

ASTUCE

Il faut bien repérer dès le départ s'il s'agit qu'une équation ou d'une inéquation du premier degré ou du second degré pour repérer les bonnes règles à appliquer.

POUR BIEN DÉMARRER

01. Certaines équations vont nécessiter de développer des expressions. (Automatisme p. 78)

Dans chaque cas, développer puis réduire l'expression proposée :

a. $3(x-6)$ = ...

= ....

b. $-5(2-4x)$ = ...

= ....

c. $5+3(2-3x)$ = ...

= ....

d. $6-4(3-5x)$ = ...

= ....

e. $x(x-5)-2x^2+5$ = ...

= ....

f. $(x-5)(x-7)$ = ...

= ....

g. $(2x-5)(x+1)-2x^2$ = ...

= ....

h. $x^2-(x-5)(x+6)$ = ...

= ....

02. Dans chaque cas, compléter par <, >, ≤ ou ≥ en indiquant la règle utilisée sur les inéquations. (Règle complète ou son numéro)

Opérations	Règle utilisée
$2x-5>x+8 \Leftrightarrow$ $2x-5+5>x+8+5$	Règle a
$5x+3>2x-1 \Leftrightarrow$ $5x+3-3$ .... $2x-1-3$	
$6x>7 \Leftrightarrow \dfrac{6x}{6}$ .... $\dfrac{7}{6}$	
$-3x<-5 \Leftrightarrow \dfrac{-3x}{-3}$ .... $\dfrac{-5}{-3}$	
$2x+5<9 \Leftrightarrow \dfrac{2x+5}{2}$ .... $\dfrac{9}{2}$	
$3x^2-7 \leq 2x^2+8 \Leftrightarrow$ $3x^2-7-2x^2$ ...... $2x^2+8-2x^2$	
$12x \geq 36 \Leftrightarrow \dfrac{12x}{12}$ .... $\dfrac{36}{12}$	

03. Compléter :

a. $3\times\dfrac{5}{3}=$ ....

b. $7\times\dfrac{2}{7}=$ ....

c. $5\times\dfrac{-2}{5}=$ ....

d. $2\times\dfrac{\dots\dots}{2}=5$

e. $3\times\dfrac{\dots\dots}{3}=-6$

f. $9\times\dfrac{7}{9}=$ ....

04. Équations et inéquations comportant des fractions.

Les équations et inéquations comportant des fractions posent souvent problèmes. Avec quelques techniques simples, on peut se ramener à des équations (ou inéquations) à coefficient entier.

Exemple :

$\dfrac{1}{4}x-5=\dfrac{3}{4}x-1$

$\Leftrightarrow (\dfrac{1}{4}x-5)\times 4=\left(\dfrac{3}{4}x-1\right)\times 4$ — On multiplie chaque membre par 4 pour compenser les fractions en quart

$\Leftrightarrow \frac{1}{4}x \times 4 - 5 \times 4 = \frac{3}{4}x \times 4 - 1 \times 4$ Cela revient à multiplier chaque terme par 4

$\Leftrightarrow x - 20 = 3x - 4$ On simplifie

Transformer chaque équation (ou inéquation suivante) en faisant « disparaître » les fractions :

a. $x + \frac{1}{4} = \frac{7}{4}x + 2$

....

b. $\frac{9}{5}x + 3 = 5$

....

c. $x - \frac{5}{3} < \frac{2}{3}x + 2$

....

d. $\frac{2}{5}x + 3 = x - \frac{3}{5}$

....

e. $\frac{-3}{2}x \geq \frac{6}{2}x + 3$

....

f. $\frac{1}{4}x - 1 = \frac{2}{3}x + 2$. (On pourra commencer par multiplier par 4 dans un premier temps puis multiplier par 3 dans un second temps)

....

PAS À PAS

05. Résoudre une équation du premier degré.

On va isoler dans un des membres « l'inconnue » (souvent *x* mais pas systématiquement) en utilisant les deux règles du cours. On va essayer d'obtenir une expression du type $ax = b$.

Exemple : on va résoudre l'équation $2(x-5) = 14 - 2x$

$2(x-5) = 14 - 2x$ (On développe les expressions)

$\Leftrightarrow 2x - 10 = 14 - 2x$

$\overset{+2x}{\Leftrightarrow} 2x - 10 + 2x = 14 - 2x + 2x$ (Règle 1)

$\Leftrightarrow 4x - 10 = 14$ (On réduit)

$\overset{+10}{\Leftrightarrow} 4x - 10 + 10 = 14 + 10$ (Règle 1)

$\Leftrightarrow 4x = 24$ (On réduit)

$\overset{\div 4}{\Leftrightarrow} \frac{4x}{4} = \frac{24}{4}$ (Règle 2)

$\Leftrightarrow x = 6$

a. On va résoudre l'équation $3(x-3) = x + 7$. Compléter les pointillés de la résolution.

$3(x-3) = x + 7$

(On développe)

$\Leftrightarrow$ .... $= x + 7$

$\overset{-x}{\Leftrightarrow} 3x - 9 -$ .... $= x + 7 -$ .... (règle 1)

$\Leftrightarrow$ .... $x - 9 = 7$ (On réduit)

$\overset{+9}{\Leftrightarrow} 2x - 9 +$ .... $= 7 +$ .... (règle 1)

$\Leftrightarrow 2x =$ .... (On réduit)

$\overset{\div 2}{\Leftrightarrow} \frac{2x}{......} = \frac{......}{......}$ (règle 2)

$\Leftrightarrow x =$ ....

b. On va résoudre l'équation $5(x+2) = 2(x+11)$. Compléter les pointillés de la résolution.

$5(x+2) = 2(x+11)$

$\Leftrightarrow 5x + 10 =$ .... (On développe)

$\overset{-2x}{\Leftrightarrow} 5x+10 - \dots\dots = \dots\dots$ (règle 1)

$\Leftrightarrow 3x+10=22$ (On réduit)

$\overset{-10}{\Leftrightarrow}$ $3x+10 \dots\dots = 22 \dots\dots$ (règle 1)

$\Leftrightarrow \dots\dots = \dots\dots$ (On réduit)

$\overset{\dots}{\Leftrightarrow} \dfrac{\dots}{\dots} = \dfrac{\dots}{\dots}$ (règle 2)

$\Leftrightarrow x = \dots\dots$

c. On va résoudre l'équation $-3x-1=4(x+5)$
Compléter les pointillés de la résolution.

$-3x-1=4(x+5)$

$\Leftrightarrow -3x-1 = \dots\dots$ (On développe)

$\overset{\dots}{\Leftrightarrow} \dots\dots = \dots\dots$ (règle 1)

$\Leftrightarrow \dots\dots = \dots\dots$ (On réduit)

$\overset{\dots}{\Leftrightarrow} \dots\dots = \dots\dots$ (règle 1)

$\Leftrightarrow \dots\dots = \dots\dots$ (On réduit)

$\overset{\dots}{\Leftrightarrow} \dfrac{\dots}{\dots} = \dfrac{\dots}{\dots}$ (règle 2)

$\Leftrightarrow x = \dots\dots$

06. Résoudre une inéquation du premier degré.
On va isoler dans un des membres l'inconnue (souvent x mais pas systématiquement) en utilisant les trois règles du cours (règles a, b et c). On va essayer d'obtenir une expression du type $ax < b$ ou $ax \leq b$ ou $ax > b$ ou $ax \geq b$.

Exemple : on va résoudre l'équation $2(x-4)>4+6x$

$2(x-4)>4+6x$

$\Leftrightarrow 2x-8>4+6x$ (On développe)

$\overset{-6x}{\Leftrightarrow} 2x-8-6x>4+6x-6x$ (règle a)

$\Leftrightarrow -4x-8>4$ (On réduit)

$\overset{+8}{\Leftrightarrow} -4x-8+8>4+8$ (règle a)

$\Leftrightarrow -4x>12$ (On réduit)

$\overset{\div(-4)}{\Leftrightarrow} \dfrac{-4x}{-4} < \dfrac{12}{-4}$ (règle c)

$\Leftrightarrow x<-3$

a. On va résoudre l'équation $2(x-1)\leq 5x+7$
Compléter les pointillés de la résolution.

$2(x-1)\leq 5x+7$

$\Leftrightarrow \dots\dots\dots \leq 5x+7$ (On développe)

$\overset{\dots}{\Leftrightarrow} 2x-2-\dots\dots \leq 5x+7-\dots\dots$ (règle a)

$\Leftrightarrow -3x-2 \leq 7$ (On réduit)

$\overset{+2}{\Leftrightarrow} -3x-2 \dots\dots \leq 7 \dots\dots$ (règle a)

$\Leftrightarrow -3x \leq \dots\dots$ (On réduit)

$\overset{\div(-3)}{\Leftrightarrow} \dfrac{-3x}{\dots} \geq \dfrac{\dots}{\dots}$ (règle c)

$\Leftrightarrow x \geq \dots\dots$

b. On va résoudre l'équation $5(x+2)<2(x+11)$
Compléter les pointillés de la résolution.

$5(x+2)<2(x+11)$

$\Leftrightarrow 5x + 10 < ....$ (On développe)

$\Leftrightarrow$ (−2x) $5x + 10 - .... < ....$ (règle a)

$\Leftrightarrow 3x+10<22$ (On réduit)

$\Leftrightarrow$ (......) $3x + 10 .... < 22 ....$ (règle a)

$\Leftrightarrow .... < ....$ (On réduit)

$\Leftrightarrow$ (......) $\frac{......}{......} < \frac{......}{......}$ (règle ... Attention au signe du diviseur)

$\Leftrightarrow x ....$

c. On va résoudre l'équation $-4x-5>2(x+3)$
Compléter les pointillés de la résolution.

$-4x-5>2(x+3)$

$\Leftrightarrow -4x-5 > ....$ (On développe)

$\Leftrightarrow$ (......) $........ > ....$ (règle a)

$\Leftrightarrow .... > ....$ (On réduit)

$\Leftrightarrow$ (......) $........ > ....$ (règle a)

$\Leftrightarrow .... > ....$ (On réduit)

$\Leftrightarrow$ (......) $\frac{......}{......} .... \frac{......}{......}$ (Règle ..., attention au signe du diviseur)

$\Leftrightarrow x ....$

07. Résoudre une équation du type $x^2 = a$

On va isoler dans un des membres l'inconnue (souvent x mais pas systématiquement) en utilisant les règles du cours. On va obtenir une équation du type $x^2 = a$ pour appliquer le cours.

Exemple : on va résoudre l'équation $5(x^2-4)=x^2+4$

$5(x^2-4)=x^2+4$

$\Leftrightarrow 5x^2-20=x^2+4$ (On développe)

$\Leftrightarrow$ ($-x^2$) $5x^2-20-x^2=x^2+4-x^2$ (règle 1)

$\Leftrightarrow 4x^2-20=4$ (On réduit)

$\Leftrightarrow$ (+20) $4x^2-20+20=4+20$ (règle 1)

$\Leftrightarrow 4x^2=24$ (On réduit)

$\Leftrightarrow$ (÷4) $\frac{4x^2}{4}=\frac{24}{4}$ (règle 2)

$\Leftrightarrow x^2=6$ (On applique le cours sur les équations $x^2=a$)

$\Leftrightarrow x=\sqrt{6}$ ou $x=-\sqrt{6}$

a. On va résoudre l'équation $3(x^2-2)=-2x^2-8$
Compléter les pointillés de la résolution.

$3(x^2-2)=-2x^2-8$

$\Leftrightarrow .... =-2x^2-8$ (On développe)

$\overset{+2x^2}{\Leftrightarrow} 3x^2 - 6 + \ldots\ldots = -2x^2 - 8 + \ldots\ldots$ (règle 1)

$\Leftrightarrow \ldots\ldots\ldots\ x^2 - 6 = -8$ (On réduit)

$\overset{+6}{\Leftrightarrow} 5x^2 - 6 + \ldots\ldots = -8 + \ldots\ldots$ (règle 1)

$\Leftrightarrow 5x^2 = -2$ (On réduit)

$\overset{\div 3}{\Leftrightarrow} \dfrac{5x^2}{\ldots\ldots} = \dfrac{\ldots\ldots}{\ldots\ldots}$ (règle 2)

$\Leftrightarrow x^2 = \dfrac{-2}{5}$ (On applique le cours sur les équations $x^2 = a$)

$\Leftrightarrow \ldots\ldots\ldots$ ... (attention au signe de a)

b. On va résoudre l'équation $-2(x^2+1) = 3(x^2+11)$
Compléter les pointillés de la résolution.

$-2(x^2+1) = 3(x^2+11)$

$\Leftrightarrow -2x^2 - 2 = \ldots\ldots\ldots$ (On développe)

$\overset{-3x^2}{\Leftrightarrow} -2x^2 - 2 - \ldots\ldots\ldots = \ldots\ldots\ldots$ (règle 1)

$\Leftrightarrow -5x^2 - 2 = 33$ (On réduit)

$\overset{+6}{\Leftrightarrow} -5x^2 - 2\ \ldots\ldots\ldots = 33\ \ldots\ldots\ldots$ (règle 1)

$\Leftrightarrow \ldots\ldots\ldots = \ldots\ldots\ldots$ (On réduit)

$\overset{\ldots\ldots}{\Leftrightarrow} \dfrac{\ldots\ldots}{\ldots\ldots} = \dfrac{\ldots\ldots}{\ldots\ldots}$ (règle 2)

$\Leftrightarrow x^2 = \ldots\ldots\ldots$ (On applique la règle sur les équations $x^2 = a$)

$\Leftrightarrow \ldots\ldots\ldots$ ... (attention au signe de a)

c. On va résoudre l'équation $3x^2 - 1 = 5(x^2 - 3)$
Compléter les pointillés de la résolution.

$3x^2 - 1 = 5(x^2 - 3)$

$\Leftrightarrow 3x^2 - 1 = \ldots\ldots$ (On développe)

$\overset{\ldots\ldots}{\Leftrightarrow} \ldots\ldots\ldots = \ldots\ldots\ldots$ (règle 1)

$\Leftrightarrow \ldots\ldots\ldots = \ldots\ldots\ldots$ (On réduit)

$\overset{\ldots\ldots}{\Leftrightarrow} \ldots\ldots\ldots = \ldots\ldots\ldots$ (règle 1)

$\Leftrightarrow \ldots\ldots\ldots = \ldots\ldots\ldots$ (On réduit)

$\overset{\ldots\ldots}{\Leftrightarrow} \dfrac{\ldots\ldots}{\ldots\ldots} = \dfrac{\ldots\ldots}{\ldots\ldots}$ (règle 2)

$\Leftrightarrow x^2 = \ldots\ldots\ldots$ (On applique la règle sur les équations $x^2 = a$)

$\Leftrightarrow \ldots\ldots\ldots$ (attention au signe de a)

À VOUS DE JOUER

Dans chaque cas suivant, résoudre l'équation proposée.

08. $5x - 15 = 0$

....

....

09. $3x + 27 = 0$

....

....

10. $-4x + 3 = 19$

....

....

11. $-3x - \frac{1}{3} = 5$

....

....

12. $-3x + 2 = x - 7$

....

....

13. $-\frac{3}{4}x + 1 = 5$

....

....

14. $3(x + 1) = 5x - 1$

....

....

15. $-2(x + 1) = 3x - 7$

....

....

16. $\frac{5}{3}(x + 3) = -2(x - 1)$

....

....

17. $\frac{1}{2}x < 12$

....

....

18. $-\frac{3}{4}x < 4$

....

....

19. $-3x > -12$

....

....

20. $5x + 25 > 10$

....

....

21. $3x - 7 < 6x + 5$

....

....

22. $-5x + 1 < -3x + 9$

....

....

23. $-2(x - 3) > x + 5$

....

....

24. $4(x + 1) > 2(x - 1)$

....

....

25. $\frac{1}{4}x-5>x+2$

26. $\frac{1}{3}x+1>x+\frac{4}{3}$

27. $x^2=5$

28. $x^2=0$

29. $x^2=-5$

30. $\frac{1}{3}x^2=4$

31. $-5x^2=-25$

32. $-3x^2=9$

33. $5x^2=\frac{2}{5}x^2+17$

34. $-3x^2-1=x^2-17$

35. $2\left(x^2-1\right)=6$

36. $-3\left(x^2-1\right)=-6$

2 DÉTERMINER LE SIGNE D'UNE EXPRESSION DU PREMIER DEGRÉ, D'UNE EXPRESSION FACTORISÉE DU SECOND DEGRÉ

- Le tableau de signes d'une fonction affine f écrite sous la forme $f(x) = mx + p$ est :

x	$-\infty$		x_0		$+\infty$
Signe de $mx + p$		Opposé du signe de m	0	Signe de m	

x_0 est l'unique solution de l'équation $mx + p = 0$.

- On considère une fonction polynôme du second degré f écrite sous la forme $f(x) = a(x - x_1)(x - x_2)$ avec $x_1 \neq x_2$.

Le tableau de signes est alors :

x	$-\infty$		x_1		x_2		$+\infty$
Signe de $a(x - x_1)(x- x_2)$		Signe de a	0	Opposé du signe de a	0	Signe de a	

- On considère une fonction polynôme du second degré f écrite sous la forme $f(x) = a(x - x_1)(x - x_1) = a(x - x_1)^2$ (ici $x_1 = x_2$).

Le tableau de signes est alors :

x	$-\infty$		x_1		$+\infty$
Signe de $a(x - x_1)(x - x_2)$		Signe de a	0	Signe de a	

ASTUCE

Il peut être utile d'avoir une image mentale des courbes représentatives des fonctions affines et des fonctions polynômes du second degré. (Voir automatisme p. 102)
Remarque : selon les ouvrages, les fonctions affines sont notées $f(x) = ax+b$ ou $f(x) = mx+p$. Nous utiliserons les deux notations selon les automatismes.

POUR BIEN DÉMARRER

01. Identifier les coefficients m et p dans une expression du type $mx + p$.

a. Attention : le coefficient m désigne le coefficient multiplicateur associé au terme x, même si celui-ci n'est pas toujours écrit en premier.

Ainsi dans l'expression $5 - 3x$, nous avons $m = -3$ et $p = 5$.

Dans chacune des expressions suivantes, déterminer la valeur de m et celle de p.

Expression du type $mx + p$	Valeur de m	Valeur de p
$3x - 5$		
$-2x - 7$		
$3 - 4x$		
$5x + 7$		

$-2x-9$		
$14+3x$		
$\frac{1}{3}x-5$		

b. Cas particuliers :

Cas 1 : Dans l'expression $x+7$, il faut comprendre $1\times x+7$. Ainsi $m=1$ et $p=7$.

Cas 2 : Dans l'expression $-x+3$, il faut comprendre $-1\times x+3$. Ainsi $m=-1$ et $p=7$.

Cas 3 : Il faut comprendre l'expression $4x$ comme $4x+0$. Ainsi $m=4$ et $p=0$.

Dans chacun des cas particuliers suivants, déterminer la valeur de m et celle de p.

Expression du type $mx+p$	Valeur de m	Valeur de p
$x+7$		
$-x-9$		
$5x$		
$-3x$		
$-x$		
x		

02. Un petit rappel de collège.

On sait que $3=-(-3)$, que $7=-(-7)$.

Écrire de la même manière :

a. $12 =$ ....

b. $2 =$ ....

c. $1 =$ ....

d. $8 =$ ....

e. $1\,200 =$ ....

f. $\frac{5}{7} =$ ....

03. On sait que $x+7=x-(-7)$. (Voir exercice précédent).

Écrire de la même manière les expressions suivantes :

a. $x+2 =$ ....

b. $x+9 =$ ....

c. $x+1000 =$ ....

d. $x+1 =$ ....

e. $x+\frac{1}{2} =$ ....

f. $x+\frac{3}{4} =$ ....

04. Identifier les coefficients a, x_1 et x_2 dans l'expression $a(x-x_2)(x-x_1)$.

a. Pour identifier les coefficients, il faut que l'expression soit sous la forme $a(x-x_2)(x-x_1)$ avec deux signes « $-$ ».

Or, dans certains cas, l'expression comporte un signe « $+$ ».

Par exemple l'expression $3(x-4)(x+2)$ n'est pas sous la bonne forme.

Il faut alors transformer l'expression en se souvenant que $x+2=x-(-2)$.

Nous avons alors :
$3(x-4)(x+2)=3(x-4)(x-(-2))$.

On peut alors lire que $a=3$, $x_1=4$ et que $x_2=-2$ (coefficients derrière le signe $-$ pour x_1 et x_2).

Dans chacun des cas suivants, écrire si besoin l'expression proposée sous la forme $a(x-x_2)(x-x_1)$ puis donner les coefficients a, x_1 et x_2.

Expression	Réécrire éventuellement l'expression sous la forme $a(x-x_2)(x-x_1)$	a	x_1	x_2
$2(x-5)(x-7)$				
$-5(x+6)(x-1)$				
$4(x+3)(x+2)$				
$-3(x-1)(x+8)$				

$-7(x+9)(x+0{,}5)$				
$-5(x-2)(x-1)$				

b. Cas particuliers.

Il y en a trois principalement :

Cas 1 : Il faut comprendre l'expression $(x-5)(x-8)$ comme $1\times(x-5)(x-8)$, ainsi on peut lire $a=1$.

Cas 2 : Il faut comprendre l'expression $-(x-3)(x-4)$ comme $-1\times(x-5)(x-8)$, ainsi on peut lire $a=-1$.

Cas 3 : Il faut comprendre l'expression $2x(x-5)$ comme $2\times(x-0)(x-5)$, ainsi on peut lire que $x_1=0$ par exemple.

Dans chacun des cas suivants, écrire l'expression proposée sous la forme $a(x-x_2)(x-x_1)$ puis donner les coefficients a, x_1 et x_2. Attention, il ne s'agit que de cas particuliers.

Expression	Réécrire éventuellement l'expression sous la forme $a(x-x_2)(x-x_1)$	a	x_1	x_2
$(x-1)(x-6)$				
$-(x+3)(x-2)$				
$4x(x+2)$				
$-3x(x+8)$				
$x(x+0{,}5)$				
$-x(x-5)$				

05. Identifier la bonne forme

Pour chaque ligne du tableau suivant, mettre une croix dans la bonne colonne :

Expression	Forme $mx+p$	Forme $a(x-x_2)(x-x_1)$	Aucune des deux formes proposées
$6x+7$			
$-2(x-5)(x+6)$			
$5-3x$			
$5(x-6)(x-1)(x-2)$			
$-2x(x-4)$			
$5x+3$			
$2(x+3)(x+5)$			

PAS À PAS

06. Signe d'une fonction affine du type $mx+p$ (Méthode numérique)

a. On veut déterminer le signe de $-3x+6$ sur $\mathbb{R}$.

• Il s'agit d'une expression affine, le tableau de signes est donc de la forme :

x	$-\infty$	x_0	$+\infty$
Signe de $-3x+6$	Opposé du signe de m	0	Signe de m

• Dans l'expression $-3x+6$, m est ....

Son signe est .... Le tableau devient :

x	$-\infty$	x_0	$+\infty$
Signe de $-3x+6$	....	0	....

Indiquer les signes

Il reste à déterminer x_0.

• x_0 est l'unique solution de $-3x+6=0$.

Résolvons cette équation :

$-3x+6=0$

$\Leftrightarrow -3x=-6$

$\Leftrightarrow x = \dfrac{-6}{-3}$

$\Leftrightarrow x = 2$

Nous pouvons alors déterminer le tableau de signes complet :

x	$-\infty$	....	$+\infty$
Signe de $-3x+6$	....	0	....

b. On veut déterminer le signe de $2x-16$ sur $\mathbb{R}$.

• Il s'agit d'une expression affine, le tableau de signes est donc de la forme :

x	$-\infty$	....	$+\infty$
Signe de	....	0	....

• Dans l'expression $2x-16$, m est ....

Son signe est .... Le tableau devient :

x	$-\infty$	x_0	$+\infty$
Signe de $2x-16$	....	0	....

Il reste à déterminer x_0.

• x_0 est l'unique solution de ....

Résolvons cette équation :

$2x-16=0$

$\Leftrightarrow$ ....

$\Leftrightarrow$ ....

$\Leftrightarrow$ ....

Nous pouvons alors déterminer le tableau de signes complet :

x	$-\infty$	....	$+\infty$
Signe de $2x-16$	....	0	....

c. On veut déterminer le signe de $-5x-20$ sur $\mathbb{R}$.

• Résolvons $-5x-20=0$.

....

....

....

• Dans l'expression $-5x-20$, le signe de m est : ....

On en déduit que le tableau de signes est :

x	$-\infty$	....	$+\infty$
Signe de $-5x-20$	....	0	....

d. On veut déterminer le signe de $3x-7$ sur $\mathbb{R}$.

• Résolvons $3x-7=0$.

....

....

....

• Dans l'expression $3x-7$, le signe de m est : ....

On en déduit que le tableau de signes est :

x	$-\infty$	....	$+\infty$
Signe de $3x-7$	....	0	....

07. Signe de $a(x-x_2)(x-x_1)$ (Méthode numérique)

a. On veut déterminer le signe de l'expression $-3(x-6)(x+2)$ sur $\mathbb{R}$.

L'expression est de la forme $a(x-x_2)(x-x_1)$. Son tableau de signes est de la forme :

x	$-\infty$	x_1		x_2	$+\infty$
Signe de $-3(x-6)(x+2)$	Signe de a	0	Opposé du signe de a	0	Signe de a

• Dans l'expression $-3(x-6)(x+2)$,

$a =$ .... ; a est donc de signe ....

On en déduit que le tableau de signes est :

x	$-\infty$	x_1		x_2	$+\infty$
Signe de $-3(x-6)(x+2)$	....	0	....	0	....

• Il reste à déterminer les valeurs de x_1 et de x_2.

Écrivons l'expression $-3(x-6)(x+2)$ sous la forme $a(x-x_2)(x-x_1)$ en faisant apparaître les signes « – ».

Comme $-3(x-6)(x+2) = -3(x-6)(x-(......))$,

nous savons que $x_1 =$ ....

et $x_2 =$ ....

Nous pouvons enfin avoir le tableau de signes complet :

ATTENTION : Il faut placer x_1 et x_2 dans l'ordre croissant ici (x_2 peut être écrit avant x_1 si besoin) :

x	$-\infty$	....		....	$+\infty$
Signe de $-3(x-6)(x+2)$	....	0	....	0	....

b. On veut déterminer le signe de l'expression $5(x+1)(x+5)$ sur $\mathbb{R}$.

L'expression est de la forme $a(x-x_2)(x-x_1)$. Son tableau de signes est de la forme :

x	$-\infty$	x_1		x_2	$+\infty$
Signe de $5(x+1)(x+5)$	Signe de a	0	Opposé du signe de a	0	Signe de a

• Dans l'expression $5(x+1)(x+5)$,

$a =$ .... ; a est donc de signe ....

On en déduit que le tableau de signes est :

x	$-\infty$	x_1		x_2	$+\infty$
Signe de $5(x+1)(x+5)$	....	0	....	0	....

• Il reste à déterminer les valeurs de x_1 et de x_2.

Écrivons l'expression $5(x+1)(x+5)$ sous la forme $a(x-x_2)(x-x_1)$ en faisant apparaître les signes « – ».

$5(x+1)(x+5) = 5(x-(.........))(x-(.........))$,

nous savons que $x_1 =$ ....

et $x_2 =$ ....

Nous pouvons enfin avoir le tableau de signes complet.

ATTENTION : Il faut placer x_1 et x_2 dans l'ordre croissant ici (x_2 peut être écrit avant x_1 si besoin) :

x	$-\infty$	....		....	$+\infty$
Signe de $5(x+1)(x+5)$	....	0	....	0	....

c. On veut déterminer le signe de l'expression $-(x+3)(x-2)$ sur $\mathbb{R}$.

• Dans l'expression $-(x+3)(x-2)$,

$a =$ .... ; a est donc de signe ....

$-(x+3)(x-2) = -(x-(...........))(x-2)$, nous

savons que $x_1 =$ .... et $x_2 =$ ....

Nous en déduisons que :

ATTENTION : Il faut placer x_1 et x_2 dans l'ordre croissant ici (x_2 peut être écrit avant x_1 si besoin) :

x	$-\infty$	....		....	$+\infty$
Signe de $-(x+3)(x-2)$	....	0	....	0	....

d. On veut déterminer le signe de l'expression $5(x-6)(x-1)$ sur $\mathbb{R}$.

• Dans l'expression $5(x-6)(x-1)$,

$a =$ .... ; a est donc de signe ....

• L'expression $5(x-6)(x-1)$ est déjà sous la forme $a(x-x_2)(x-x_1)$. Nous en déduisons

que $x_1 =$ .... et $x_2 =$ ....

Nous en déduisons que :

ATTENTION : Il faut placer x_1 et x_2 dans l'ordre croissant ici (x_2 peut être écrit avant x_1 si besoin) :

x	$-\infty$		....		....		$+\infty$
Signe de $5(x-6)(x-1)$		....	0	....	0	....	

À VOUS DE JOUER

Dans chacun des cas suivants, déterminer le tableau de signes de l'expression proposée sur $\mathbb{R}$.

08. $-7x+14$

x	$-\infty$ $+\infty$
Signe de	

09. $2x-6$

x	$-\infty$ $+\infty$
Signe de	

10. $-x+4$

x	$-\infty$ $+\infty$
Signe de	

11. $3x+9$

x	$-\infty$ $+\infty$
Signe de	

12. $5-2x$

x	$-\infty$ $+\infty$
Signe de	

13. $7-3x$

x	$-\infty$ $+\infty$
Signe de	

14. $\frac{1}{2}x-5$

x	$-\infty$ $+\infty$
Signe de	

15. $-\frac{2}{3}x+3$

x	$-\infty$ $+\infty$
Signe de	

16. $2x+\frac{2}{3}$

x	$-\infty$ $+\infty$
Signe de	

17. $2(x-5)(x-8)$

x	$-\infty$ $+\infty$
Signe de	

18. $-3(x-1)(x-7)$

x	$-\infty$ $+\infty$
Signe de …………	

19. $-6x(x-3)$

x	$-\infty$ $+\infty$
Signe de …………	

20. $3(x+3)(x-1)$

x	$-\infty$ $+\infty$
Signe de …………	

21. $5(x+4)(x+1)$

x	$-\infty$ $+\infty$
Signe de …………	

22. $(x+5)(x-8)$

x	$-\infty$ $+\infty$
Signe de …………	

23. $7x(x+8)$

x	$-\infty$ $+\infty$
Signe de …………	

24. $-(x-6)(x+2)$

x	$-\infty$ $+\infty$
Signe de …………	

25. $-2(x+3)(x+7)$

x	$-\infty$ $+\infty$
Signe de …………	

26. $-7(x+5)(x-1)$

x	$-\infty$ $+\infty$
Signe de …………	

27. $3(x-\frac{1}{2})(x-\frac{3}{4})$

x	$-\infty$ $+\infty$
Signe de …………	

28. $-3(x+\frac{5}{2})(x-\frac{2}{7})$

x	$-\infty$ $+\infty$
Signe de …………	

3 MANIPULER OU APPLIQUER UNE FORMULE COMPORTANT PLUSIEURS VARIABLES

A. Règles utiles pour une égalité

- **Règle 1** : une égalité ne change pas en ajoutant ou en retranchant un même nombre dans chaque membre de l'égalité.
- **Règle 2** : une égalité ne change pas en multipliant ou en divisant chaque membre de l'égalité par un même nombre non nul.

B. Méthode pour isoler une variable dans une égalité

Pour isoler une variable dans une égalité, on va procéder ainsi :

1. On développe et on réduit les différentes expressions s'il y en a.
2. On utilise la règle 1 pour aboutir à une égalité écrite sous la forme $ax = b$. $(a \neq 0)$
3. On divise par a chaque membre de l'égalité pour obtenir le résultat. (Règle 2)

Attention : dans certains cas, dans l'étape (3), on va obtenir une égalité du type $x^2 = a$. Dans ce paragraphe où les données sont positives, on aura donc $x = \sqrt{a}$. (règle 3)

C. Comment effectuer une application numérique d'une formule ?

Une formule est une expression comportant plusieurs variables (lettres h, R, U par exemple).

On procède ainsi :

1. On vérifie que toutes les données sont dans la bonne unité. On convertit celles qui ne le seront pas.
2. On remplace les variables par la quantité donnée par l'énoncé.

ASTUCE
Vérifier tout de suite que les données sont dans la bonne unité.

POUR BIEN DÉMARRER

Pour cette rubrique, vous vous aiderez de la partie automatisme sur les conversions, page 48.

01. Convertir les données suivantes dans l'unité demandée.

a. Convertir 0,075 km et m.

....

b. Convertir 65,87 dL en L.

....

c. Convertir 4 567 mA en A. (A désigne l'ampère).

....

d. Convertir 56 dg en mg.

....

e. Convertir 4,009 kg en g.

....

02. Convertir les données suivantes dans l'unité demandée.

a. Convertir 5 cm^2 en dm^2.

....

b. Convertir 6 567 m^2 en dm^2.

....

c. Convertir 12 345 cm^2 en dm^2.

....

d. Convertir 1 657 m^3 en dm^3.

....

e. Convertir 1,3 m^3 en cm^3.

....

f. Convertir 94 000 003 m^3 en cm^3.

....

03. Exprimer une variable en fonction d'une ou plusieurs autres.
Compléter sur le même modèle :

Dans l'égalité $y = -3x + 7$	On a exprimé y en fonction de x
Dans l'égalité $T = \sqrt{(1+t)(1+t')}$	On a exprimé T en fonction de ....
Dans l'égalité $A = c^2$	On a exprimé .... en fonction de ....
Dans l'égalité $t = (C-1) \times 100$	On a exprimé ...... en fonction de ....
Dans l'égalité $U = R \times I$	On a exprimé ...... en fonction de ....
Dans l'égalité $U_n = 5n + 8$	On a exprimé ...... en fonction de ....

PAS À PAS

04. Isoler une variable dans une égalité ne comportant que des produits et des quotients.
Exemple : le volume d'un cylindre V est donné par la formule $V = r^2h$ où r est le rayon du disque de base et h la hauteur du cylindre. On souhaite exprimer r en fonction de V et de h. C'est-à-dire que l'on veut isoler r dans un membre de l'égalité.

$V = r^2h$

$\overset{\div h}{\Leftrightarrow} \dfrac{V}{h} = \dfrac{r^2h}{h}$ (règle 2)

$\Leftrightarrow \dfrac{V}{h} = r^2$ (On réduit)

$\Leftrightarrow \sqrt{\dfrac{V}{h}} = \sqrt{r^2}$ (règle 3)

$\Leftrightarrow \sqrt{\dfrac{V}{h}} = r$

a. La tension U, en volt, est donnée par $U = RI$ où R est la résistance et I est l'intensité.
On veut exprimer R en fonction de U et de I.
Compléter les différentes étapes permettant d'aboutir au résultat :

$U = RI$

$\overset{\div I}{\Leftrightarrow} \dfrac{U}{\ldots\ldots} = \dfrac{RI}{\ldots\ldots}$ (règle 2)

$\Leftrightarrow \dfrac{\ldots\ldots}{\ldots\ldots} = R$ (On simplifie)

b. Le volume V d'un cône est donné par la formule $V = \dfrac{1}{3}Bh$, où B est l'aire de la base et h la hauteur du cône. On veut exprimer h en fonction de V et B.
Compléter les différentes étapes permettant d'aboutir au résultat :

$V = \dfrac{1}{3}Bh$

$\overset{\times 3}{\Leftrightarrow} V \times \ldots\ldots = \dfrac{1}{3}Bh \times \ldots\ldots$ (règle 2)

$\Leftrightarrow 3V = \ldots\ldots$ (On simplifie)

$\overset{\div \ldots}{\Leftrightarrow} \dfrac{3V}{\ldots\ldots} = \dfrac{Bh}{\ldots\ldots}$ (règle 2)

$\Leftrightarrow \dfrac{3V}{\ldots\ldots} = h$ (On simplifie)

c. La concentration molaire, exprimée en mol.L^{-1}, est donnée par la formule suivante : $C = \dfrac{n}{V}$ où n est la quantité de matière (en mol) et V est le volume en L.

On veut exprimer V en fonction de C et de n.

$C=\frac{n}{V}$

$\overset{\times V}{\Leftrightarrow} C\times ......=\frac{n}{V}\times ......$ (règle 2)

$\Leftrightarrow C\times V=n$ (On simplifie)

$\overset{\div ...}{\Leftrightarrow} \frac{CV}{.........}=\frac{n}{.........}$ (règle 2)

$\Leftrightarrow V=\frac{.........}{.........}$ (On simplifie)

d. La puissance P est donnée par la formule $P=\frac{U^2}{R}$ où U est la tension et R la résistance.

On souhaite exprimer U en fonction de P et R.

Compléter les différentes étapes permettant d'aboutir au résultat :

$P=\frac{U^2}{R}$

$\overset{\times ...}{\Leftrightarrow} P\times ......=\frac{U^2}{R}\times ......$ (règle 2)

$\Leftrightarrow ......=U^2$ (On simplifie)

$\Leftrightarrow \sqrt{.................}=\sqrt{U^2}$ (règle 3)

$\Leftrightarrow \sqrt{.................}=.........$ (On simplifie)

05. Isoler une variable dans une égalité comportant aussi des sommes ou différences.

Exemple :

Une droite (d) admet pour équation $2x-3y+2=0$.

Le professeur demande d'exprimer y en fonction de x. Il s'agit donc d'isoler y dans un membre et de « placer » dans l'autre membre la variable x et les constantes.

$2x-3y+2=0$

$\overset{-2}{\Leftrightarrow} 2x-3y+2-2=0-2$ (règle 1)

$\Leftrightarrow 2x-3y=-2$ (On réduit)

$\overset{-2x}{\Leftrightarrow} 2x-3y-2x=-2-2x$ (règle 1)

$\Leftrightarrow -3y=-2-2x$ (On réduit)

$\overset{\div(-3)}{\Leftrightarrow} \frac{-3y}{-3}=\frac{-2-2x}{-3}$ (règle 2)

$\Leftrightarrow y=\frac{2}{3}+\frac{2}{3}x$ (On simplifie)

a. Le bénéfice B d'une entreprise est donné par la formule $B=R-C$ où R est la recette et C les coûts de production.

On souhaite exprimer C en fonction de B et de R.

Compléter les différentes étapes permettant d'aboutir au résultat :

$B=R-C$

$\overset{-R}{\Leftrightarrow} B-R=R-C-.........$ (règle 1)

$\Leftrightarrow B-R=-C$ (On réduit)

$\overset{\div(-1)}{\Leftrightarrow} \frac{B-R}{-1}=\frac{-1\times C}{-1}$ (règle 2)

$\Leftrightarrow ....=...........$

b. Soit x un réel de l'intervalle $\left[0;\frac{\pi}{2}\right]$. Nous savons que $\cos^2(x)+\sin^2(x)=1$.

On souhaite exprimer $\sin(x)$ en fonction de $\cos(x)$.

Compléter les différentes étapes permettant d'aboutir au résultat :

$\cos^2(x)+\sin^2(x)=1$

$\overset{-\cos^2(x)}{\Leftrightarrow} \cos^2(x)+\sin^2(x)-\cos^2(x)=1-\cos^2(x)$ (règle 1)

$\Leftrightarrow \sin^2(x)=1-\cos^2(x)$ (On réduit)

$\Leftrightarrow \sqrt{.................}=\sqrt{.................}$ (règle 3)

$\Leftrightarrow ....=.................$ (On simplifie)

c. Le taux d'évolution t entre deux données V_D et V_A est donné par la formule $t=\frac{V_A-V_D}{V_D}$

On souhaite exprimer V_A en fonction de t et de V_D.

Compléter les différentes étapes permettant d'aboutir au résultat :

$t = \frac{V_A - V_D}{V_D}$

$\overset{\times V_D}{\Leftrightarrow} t \times V_D = \frac{V_A - V_D}{V_D} \times V_D$ (règle 2)

$\Leftrightarrow t \times V_D = V_A - V_D$ (On simplifie)

$\overset{+\dots}{\Leftrightarrow} t \times V_D + \dots\dots\dots = V_A - V_D + \dots\dots\dots$ (règle 1)

$\Leftrightarrow \dots\dots\dots\dots\dots\dots = V_A$ (On réduit)

d. Le périmètre P d'un rectangle est donné par la formule $P = 2(L + l)$ où L est la longueur du rectangle et l sa largeur.

On souhaite exprimer L en fonction de l et de P.

Compléter les différentes étapes permettant d'aboutir au résultat :

$P = 2(L + l)$

$\overset{\div 2}{\Leftrightarrow} \frac{P}{2} = \frac{2(L+l)}{2}$ (règle 2)

$\Leftrightarrow \frac{P}{2} = L + l$ (On simplifie)

$\overset{-\dots}{\Leftrightarrow} \frac{P}{2} - \dots\dots\dots = L + l - \dots\dots\dots$ (règle 1)

$\Leftrightarrow \dots\dots\dots\dots\dots\dots = L$ (On réduit)

06. Effectuer une application numérique d'une formule.

a. La pression exprimée en pascal (Pa) est donnée par la formule $p = \frac{F}{S}$ où F est la force exercée en newton (N) et la surface S exprimée en mètre carré (m^2).

Une force de 5 N est exercée sur une surface de 10 cm^2. Calculer la pression exercée en N.

- La force F est-elle exprimée dans la

  bonne unité ? ....

  Si ce n'est pas le cas, la convertir en ...... :

  ....

- La surface S est-elle exprimée dans la

  bonne unité ? ....

  Si ce n'est pas le cas, la convertir en ...... :

  ....

- Maintenant que toutes les données sont exprimées dans la bonne unité, effectuons le calcul :

$p = \frac{\dots\dots\dots}{\dots\dots\dots} = \dots\dots\dots\dots\dots$

b. La masse volumique ρ (exprimée en kg/m^3) d'un matériau est donnée par la formule $\rho = \frac{m}{V}$ où m est la masse de l'objet exprimée en kg et V le volume de l'objet exprimé en m^3.

Un objet a une masse de 550 g pour un volume de 200 000 cm^3 . Quelle est sa masse volumique en kg/m^3 ?

- La masse m est-elle exprimée dans la

  bonne unité ? ....

  Si ce n'est pas le cas, la convertir en ...... :

  ....

- Le volume V est-il exprimé dans la bonne

  unité ? ....

  Si ce n'est pas le cas, le convertir en ...... :

  ....

- Maintenant que toutes les données sont exprimées dans la bonne unité, effectuons le calcul :

$\rho = \frac{\dots\dots\dots}{\dots\dots\dots} = \dots\dots\dots\dots\dots$

c. L'aire A d'un trapèze exprimée en cm^2 est donnée par la formule $A = \frac{(B+b) \times h}{2}$ où B, b et h sont des longueurs exprimées en cm.

Un trapèze a les dimensions suivantes : $B = 5$ cm , $b = 0{,}15$ m et $h = 30$ mm.

Quelle est l'aire du trapèze exprimée en cm^2 ?

- La dimension B est-elle exprimée dans la bonne unité ? ....

  Si ce n'est pas le cas, la convertir en ...... :

  ....
- La dimension b est-elle exprimée dans la bonne unité ? ....

  Si ce n'est pas le cas, la convertir en ...... :

  ....
- La dimension h est-elle exprimée dans la bonne unité ? ....

  Si ce n'est pas le cas, la convertir en ...... :

  ....
- Maintenant que toutes les données sont exprimées dans la bonne unité, effectuons le calcul :

$$A = \frac{(\ldots\ldots + \ldots\ldots)\ldots\ldots}{\ldots\ldots} = \ldots\ldots$$

d. Le taux d'évolution t permettant de passer d'une quantité V_D à une quantité V_A (exprimées toutes deux dans la même unité) est $t = \frac{V_A - V_D}{V_D}$.

Le prix d'une baguette de pain passe de 90 centimes d'euro à 1,05 euro. Quelle est l'évolution du prix de cette baguette ?

- Les données V_A et V_D sont-elles dans la même unité ?
  Si ce n'est pas le cas, mettre V_A et V_D dans la même unité :

  $V_D = \ldots\ldots$ et $V_A = \ldots\ldots$
- Maintenant que toutes les données sont exprimées dans la bonne unité, effectuons le calcul :

$$t = \frac{\ldots\ldots - \ldots\ldots}{\ldots\ldots} = \ldots\ldots$$

REMARQUE : à l'épreuve du baccalauréat, les unités ne sont presque jamais données et l'étape de conversion est très rare.

À VOUS DE JOUER

07. On sait que si A et B sont deux événements indépendants : $P(A \cap B) = P(A) \times P(B)$. Exprimer $P(A)$ en fonction de $P(A \cap B)$ et de $P(B)$.

....

....

08. On sait que si A est un événement de probabilité non nulle : $P_A(B) = \frac{P(A \cap B)}{P(A)}$.
Exprimer $P(A)$ en fonction de $P(A \cap B)$ et de $P_A(B)$.

....

....

09. On sait que $P(B) = P(B \cap A) + P(B \cap \overline{A})$.
Exprimer $P(B \cap A)$ en fonction de $P(B \cap \overline{A})$ et de $P(B)$.

....

....

10. La moyenne m de deux notes a et b est donnée par la formule $m = \frac{a+b}{2}$.
Exprimer b en fonction de a et de m.

....

....

11. Soit $y = \frac{3}{x+2}$. Exprimer x en fonction de y.

....

....

....

12. Soit $y = -5x + 7$. Exprimer x en fonction de y.

....

....

....

13. Soit $C = 1 + \frac{t}{100}$. Exprimer t en fonction de C.

....

....

14. Soit $B = R - C$. Exprimer R en fonction de B et C.

....

....

15. Soit $S = r^2$. Exprimer r en fonction de S.

....

....

16. Soit $I_2 = \frac{y_2}{y_1} \times 100$. Exprimer y_1 en fonction de I_2 et de y_2.

....

....

17. Soit $F = C \times \frac{9}{5} + 32$. Exprimer C en fonction de F.

....

....

18. Soit $U_n = -5n + 3$. Exprimer n en fonction de U_n.

....

....

....

19. Soit $V_2 = V_0 \times q^2$. Exprimer q en fonction de V_0 et de V_2.

....

....

....

20. La quantité d'électricité est donnée par la formule $q = nF$.

Calculer q sachant que $n = 2250$ et $F = 0{,}01$.

....

....

....

21. On sait que $E = mc^2$. E est exprimée en joules, m en kg et c en m/s.

Calculer l'énergie E sachant que l'objet a une masse de 30 g et une vitesse de 5×10^3 m/s.

....

....

....

22. La densité m (sans unité) par rapport à l'eau est donnée par $m = \frac{\rho}{\rho_0}$ où ρ et ρ_0 sont deux volumes exprimés dans la même unité.

Calculer la densité m sachant que $\rho = 225$ cL et $\rho_0 = 5$ mL.

....

....

....

23. Le facteur de dilution est donné par $F = \frac{V}{V_0}$ où V et V_0 sont des volumes exprimés en litre (L).

Calculer F sachant que $V = 15$ L et $V_0 = 2500$ mL.

....

....

....

24. Soit $y = -0{,}1x + 9$. Calculer y sachant que $x = 20$.

....

....

25. Soit $y = 5x - 9$. Calculer y sachant que $x = \frac{2}{3}$. Donner le résultat sous la forme d'une fraction.

....

....

26. $F = C \times \frac{9}{5} + 32$. Calculer F sachant que $C = 20$.

....

....

27. Le périmètre P (en m^2) d'un rectangle est donné par la formule $P = 2l + 2L$. l et L sont des longueurs exprimées en m.

Calculer le périmètre P d'un rectangle sachant que $L = 0{,}75$ m et $l = 0{,}0035$ km.

....

....

....

....

28. La tension U exprimée en volt (V) aux bornes d'une résistance est donnée par la formule $U = RI$ où R est la résistance en ohm(Ω) et I l'intensité en ampère (A).

Calculer U en volt sachant que $I = 2 \times 10^{-3}$ A et $R = 3{,}5 \times 10^{4}$ Ω.

....

....

....

....

29. Dans un triangle rectangle, $AC^2 = AB^2 + BC^2$. AB, AC et BC sont des longueurs exprimées dans la même unité.

Calculer AC sachant que AB = 30 mm et BC = 4 cm.

....

....

....

....

4 DÉVELOPPER, FACTORISER, RÉDUIRE UNE EXPRESSION ALGÉBRIQUE SIMPLE

Soit a, b et k trois nombres réels. On rappelle les égalités suivantes.

On développe →

$$k \times (a+b) = k \times a + k \times b$$
$$(a-b)(a+b) = a^2 - b^2$$
$$(a+b)^2 = a^2 + 2ab + b^2$$
$$(a-b)^2 = a^2 - 2ab + b^2$$

← On factorise

Exemple

Le développement est pratiqué depuis plusieurs années. Nous allons donner des exemples de factorisations.

Factorisons les expressions suivantes :

$A = 3(x-1) + (2x+3)(x-1)$; $B = (x+1)^2 - 6$ et $C = x^2 - 6x + 9$.

- $A = 3(x-1) + (2x+3)(x-1)$ On reconnaît un facteur commun.
  $= (x-1)(3 + (2x+3))$ On utilise la première égalité du rappel.
  $= (x-1)(2x+6)$.

- $B = (x+1)^2 - 6^2$ On reconnaît $a^2 - b^2$ avec $a = (x+1)$ et $b = 6$.
  $= [(x+1) - 6]\,[(x+1) + 6]$ On utilise la deuxième égalité du rappel.
  $= (x-5)(x+7)$.

- $C = x^2 - 6x + 9$ On voit trois termes avec deux signes « + » et un signe « – ».
  $= x^2 - 2 \times 3 \times x + 3^2$ On pense à la quatrième égalité avec $a = x$ et $b = 3$.
  $= (x-3)^2$.

ASTUCE
Les factorisations demandées en Terminale sont forcément l'une des quatre proposées dans le rappel de cours.

POUR BIEN DÉMARRER

01. Pour chacune des expressions suivantes, indiquer s'il s'agit d'un produit ou d'une somme.

Expression	Produit ou somme
$A = 4 - 7 + 4 \times 9$	
$B = (3+8) \times (45-5)$	
$A = 6x + 8$	
$B = x^2(3x+2)$	
$C = 9x^2 - 6x + 7$	

02. Compléter les cases vides :

Expression développée	Nombre de termes de l'expression	Nombre de signes – de l'expression	Présence de carrés dans l'expression
$k \times a + k \times b$			
$a^2 - b^2$			
$a^2 + 2ab + b^2$			
$a^2 - 2ab + b^2$	3	1	Oui

Remarque : chacune des expressions développées a ses propres caractéristiques. C'est ce qui nous permettra de repérer la bonne expression à utiliser.

03. Apprendre à repérer la bonne expression à utiliser.

Expression développée	Nombre de termes de l'expression	Nombre de signes – de l'expression	Présence de carrés dans l'expression	La seule formule possible à utiliser est …
$9x^2 - 12x + 4$	3	1	oui	$(a-b)^2$
$x^2 - 6x + 9$	3	1	oui	$(a-b)^2$
$x^2 + 2x + 1$	3	0	oui	$(a+b)^2$
$x^2 - 25$	2	1	oui	
$3(x+1)+(x+1)(x-5)$	7	1	non	
$(x+1)^2 - 36$	3	1	non	

PAS À PAS

04. On veut factoriser l'expression $A = x^2 - 36$

a. En vous inspirant de l'exercice 3, indiquer la formule de factorisation à utiliser :

……………………………………………

b. En remarquant que $6^2 = 36$, écrire A à l'aide du carré de deux nombres :

$A = x^2 - (x \times x)^2$

c. Nous avons alors :

$A = a^2 - b^2$ avec $a = x$ et $b = 6$

$= (a - b)(a + b)$

$= (x - 6)(x + 6)$

(On remplace a par x et b par 6)

05. On veut factoriser l'expression $B = (x+3)^2 - 16$

a. En s'inspirant de l'exercice 3, indiquer la formule de factorisation à utiliser :

……………………………………………

b. En remarquant que $4^2 = 16$, écrire B à l'aide du carré de deux nombres :

$B = 4^2 - 8^2$

c. Nous reconnaissons alors :

$B = a^2 - b^2$ avec $a =$ ……….. et $b =$ ………..

$= (a - b)(a + b)$

$= ((x + 3) - 4) \times ($ ……… + ………)

(On remplace a et b)

$= (x + 3 - 4) \times ($ ………………)

$= (x - 1) \times ($ ………………)

06. On veut factoriser l'expression
$C = (x+2)(x-1) - 4(x+2)$

a. En s'inspirant de l'exercice 3, indiquer la formule de factorisation à utiliser :

……………………………………………………………

b. On a mis en couleur le terme commun :

$C = (x + 2)(x - 1) - 4(x + 2)$

$= (x + 2)$ (………………) recopier dans la parenthèse l'expression précédente en retirant les deux expressions en couleur

$= (x + 2)\ (x - 1 - 4)$

$= (x + 2)$ (………………)

07. On veut factoriser l'expression
$D = (x-5)^2 - (x-5)$

a. En s'inspirant de l'exercice 3, indiquer la formule de factorisation à utiliser :

……………………………………………………………

b. On remarque que
$D = (x-5) \times (x-5) - (x-5) \times 1$

Dans l'expression ci-dessous, entourer le facteur commun en rouge puis finir la factorisation :

$D = (x-5) \times (x-5) - (x-5) \times 1$

= (………………) (………………………………)

= ………………………………

= ………………………………

= ………………………………

08. On veut factoriser l'expression
$E = x^2 + 10x + 25$

a. En s'inspirant de l'exercice 3, indiquer la formule de factorisation à utiliser :

……………………………………………………………

b. Dans la formule ……….., il y a la présence de deux carrés. En remarquant que $5^2 = 25$, écrire E en faisant apparaître deux carrés :

E = ………………………………………

c. En comparant $a^2 + 2ab + b^2$ avec l'expression ci-dessus, les seules valeurs possibles

de a et b sont : $a =$ ………………

et $b =$ ………………

d. Avant de factoriser, on vérifie bien que le terme $10x$ est bien égal à $2ab$, ce qui est le cas ici.

$E = a^2 + 2ab + b^2$

$= (a + b)^2$

= (…………… + ……………)^2 (remplacer a et b par les expressions de la question précédente)

09. On veut factoriser l'expression
$F = 9x^2 + 12x + 4$

a. En s'inspirant de l'exercice 3, indiquer la formule de factorisation à utiliser :

……………………………………………………………

b. En remarquant que $2^2 = 4$ et que $9x^2 = (3x)^2$, écrire F en faisant apparaître deux carrés :

F = (……………)^2 + $12x$ + ………..^{2}

c. En comparant $a^2 + 2ab + b^2$ avec l'expression ci-dessus, les seules valeurs de a et b

sont : $a =$ ……………… et $b =$ ………………

d. Avant de factoriser, on vérifie bien que le terme $12x$ est bien égal à $2ab$, ce qui est le cas ici.

$F = a^2 + 2ab + b^2$

$= (a + b)^2$

$= (\ldots\ldots + \ldots\ldots)^2$ (remplacer a et b par les expressions de la question précédente)

10. On veut factoriser l'expression $G = x^2 - 6x + 9$

a. En s'inspirant de l'exercice 3, indiquer la formule de factorisation à utiliser :

……………………………………………

b. Dans la formule ………, il y a la présence de deux carrés. En remarquant que $3^2 = 9$, écrire G en faisant apparaître deux carrés :

G = ……………………………………

c. En comparant $a^2 - 2ab + b^2$ avec l'expression ci-dessus, les seules valeurs de a et b

sont : $a =$ ……………… et $b =$ ………………

d. Avant de factoriser, on vérifie bien que le terme $6x$ est bien égal à $2ab$, ce qui est le cas ici.

$G = a^2 - 2ab + b^2$

$= (a - b)^2$

$= (\ldots\ldots - \ldots\ldots)^2$ (remplacer a et b par les expressions de la question précédente)

11. On veut factoriser l'expression $H = 4x^2 - 8x + 1$

a. En s'inspirant de l'exercice 3, indiquer la formule de factorisation à utiliser :

……………………………………………

b. En remarquant que $1^2 = 1$ et que $4x^2 = (2x)^2$, écrire H en faisant apparaître deux carrés :

$H = (\ldots\ldots)^2 - 8x + \ldots\ldots^2$

c. En comparant $a^2 - 2ab + b^2$ avec l'expression ci-dessus, les seules valeurs de a et b

sont : $a =$ ……………… et $b =$ ………………

d. Avant de factoriser, on vérifie bien que le terme $8x$ est bien égal à $2ab$, ce qui est le cas ici.

$H = a^2 - 2ab + b^2$

$= (a - b)^2$

$= (\ldots\ldots + \ldots\ldots)^2$ (remplacer a et b par les expressions de la question précédente)

À VOUS DE JOUER

12. Développer puis réduire l'expression $(x-5)(x+7)$.

$x^2+7x-5x-35 \mid x^2+2x-35$

$x^2+7x-5x-35 \mid x(x+7)-5(x+7)$

$(x+7)\times(x-5)$

13. Développer puis réduire l'expression $3(x-2)(x+1)$.

……………………………………………

……………………………………………

……………………………………………

14. Développer puis réduire l'expression $-3(x+2)(x+3)$.

……………………………………………

……………………………………………

……………………………………………

15. Développer puis réduire l'expression $-(x-1)(x-3)$.

$-x^2+4x-3$

……………………………………………

……………………………………………

……………………………………………

16. Développer puis réduire l'expression $(x-5)^2$.

$x^2-10x+25$

……………………………………………

……………………………………………

……………………………………………

17. Développer puis réduire l'expression $(x+3)^2$.

18. Développer puis réduire l'expression $3x-(x-1)(x+6)$.

$3x-(x^2+6x-x-6)$

$3x-(x^2+5x-6)$ | $3x-x^2-5x+6$

$-2x-x^2+6$ | $-x^2-2x+6$

19. Développer puis réduire l'expression $(x+2)^2-3(x+7)$.

20. Développer puis réduire l'expression $5+3x-2(x+1)(x-3)$.

21. Factoriser $5(x+1)+(x+1)(x-6)$.

22. Factoriser $x^2+14x+49$.

23. Factoriser x^2-4x+4.

24. Factoriser x^2-16.

25. Factoriser $(x-2)^2+(x-2)(x-6)$.

26. Factoriser $4x^2+20x+25$.

27. Factoriser $9x^2-24x+16$.

28. Factoriser $(x+4)^2-9$.

29. Factoriser $(2x+1)^2-(x+3)^2$.

30. Factoriser $(x+3)^2+(x+3)$.

31. Factoriser $9x^2+12x+4$.

32. Factoriser $25x^2-30x+9$.

33. Factoriser $x^2-\frac{4}{9}$.

34. Factoriser $4x^2-\frac{25}{16}$.

5 CALCULER LA DÉRIVÉE D'UNE FONCTION POLYNOMIALE DE DEGRÉ INFÉRIEUR OU ÉGAL À 3

Soit f une fonction dérivable sur $\mathbb{R}$. On désigne par f' la fonction dérivée de f sur $\mathbb{R}$.

Si $f(x) = k$ (k désigne un réel)	Alors $f'(x) = 0$
Si $f(x) = x$	Alors $f'(x) = 1$
Si $f(x) = x^2$	Alors $f'(x) = 2x$
Si $f(x) = x^3$	Alors $f'(x) = 3x^2$

Règles de dérivation.

On considère deux fonctions u et v dérivables sur $\mathbb{R}$.

Règle 1 : Si $f(x) = u(x) + v(x)$ alors $f'(x) = u'(x) + v'(x)$

Règle 2 (k désigne un nombre réel) : Si $f(x) = k \times u(x)$ alors $f'(x) = k \times u'(x)$

ASTUCE

Le réel k apparaît dans deux formules de dérivations différentes. Il faudra bien distinguer le cas $f(x) = k$ du cas $f(x) = k \times \mathbf{u}(x)$.

POUR BIEN DÉMARRER

01. Dans chaque cas suivant, indiquer si pour le réel $k = 2$, on doit utiliser la formule de dérivation de $f(x) = k$ ou celle de $f(x) = k \times u(x)$.

Expression de $f(x)$	Pour calculer $f'(x)$, j'utilise la formule (1) $f(x) = k$ ou (2) $f(x) = k \times u(x)$.
$f(x) = 2 \times x^3$	
$f(x) = 2 \times x^2$	
$f(x) = 2$	
$f(x) = 2 \times x$	

02. En mathématiques, lorsqu'il n'y a pas d'ambiguïté, nous ne sommes pas obligés de mettre de signe ×.

Ainsi l'expression $f(x) = k \times u(x)$ s'écrira la plupart du temps $f(x) = ku(x)$.

Dans chaque cas suivant, indiquer pour chaque valeur du réel k si l'on doit utiliser la formule de dérivation de $f(x) = k$ ou celle de $f(x) = k \times u(x)$.

Expression de $f(x)$	Pour calculer $f'(x)$, j'utilise la formule (1) $f(x) = k$ ou (2) $f(x) = k \times u(x)$.
$f(x) = 5\ x^3$	
$f(x) = \frac{7}{4}$	
$f(x) = 9$	
$f(x) = -4\ x$	

PAS À PAS

03. Dérivation des fonctions du type $f(x) = u(x) + v(x)$. (Méthode 1)

Exemple : soit f définie sur $\mathbb{R}$ par $f(x) = x^2 + 7$.

On veut calculer $f'(x)$.

On remarque que $f(x) = u(x) + v(x)$ avec $u(x) = x^2$ et $v(x) = 7$.

On sait alors que : $f'(x) = u'(x) + v'(x)$.

En utilisant le tableau de dérivation, on sait que $u'(x) = 2x$ et que $v'(x) = 0$.

Il en vient que $f'(x) = 2x + 0$.

Soit $f'(x) = 2x$.

a. Compléter les pointillés.

Si $f(x) = x + x^3$

Alors $f(x) = u(x) + v(x)$ avec $u(x) =$ ....

et $v(x) =$ ....

On sait alors que $f'(x) = u'(x) + v'(x)$.

En utilisant le tableau de dérivation,

on sait que $u'(x) =$ .... et que

$v'(x) =$ ....

Il en vient que $f'(x) =$ .... + ...

b. Compléter les pointillés.

Si $f(x) = x^2 + x$

Alors $f(x) = u(x) + v(x)$ avec $u(x) =$ ....

et $v(x) =$ ....

On sait alors que $f'(x) = u'(x) + v'(x)$.

En utilisant le tableau de dérivation,

on sait que $u'(x) =$ .... et que

$v'(x) =$ ....

Il en vient que $f'(x) =$ .... + ...

c. Compléter les pointillés.

Si $f(x) = x^3 + x$

Alors $f(x) = u(x) + v(x)$ avec $u(x) =$ ....

et $v(x) =$ ....

On sait alors que $f'(x) = u'(x) + v'(x)$.

En utilisant le tableau de dérivation,

on sait que $u'(x) =$ .... et que

$v'(x) =$ ....

Il en vient que $f'(x) =$ .... + ...

04. Dérivation des fonctions du type $f(x) = u(x) + v(x)$. (Méthode 2)

Soit f définie sur $\mathbb{R}$ par $f(x) = x^2 + 7$.

Avec un surligneur, on repère en couleur les fonctions du premier tableau de dérivation (x, x^2, x^3 ou une constante k).

Ici $f(x) = x^2 + 7$

Pour calculer $f'(x)$, on remplace chaque expression surlignée par sa dérivée.

$f'(x) = 2x + 0 = 2x$

a. Compléter les pointillés.

Dans l'expression de $f(x)$, on surligne les fonctions classiques (x, x^2, x^3 ou une constante k).

Ici $f(x) = x^3 + 12$

Pour calculer $f'(x)$, on remplace chaque expression surlignée par sa dérivée.

$f'(x) =$ .... + ... = ...

b. Compléter les pointillés.

On admettra que la règle 1 fonctionne aussi avec un signe « – ».

Dans l'expression de $f(x)$, on surligne les fonctions classiques (x, x^2, x^3 ou une constante k).

Ici $f(x) = x^2 - x$

Pour calculer $f'(x)$, on remplace chaque expression surlignée par sa dérivée.

$f'(x) =$ .... – ....

c. Compléter les pointillés.

Dans l'expression de $f(x)$, on surligne les fonctions classiques (x, x^2, x^3 ou une constante k).

Ici $f(x) = x^2 - x^3$

Pour calculer $f'(x)$, on remplace chaque expression surlignée par sa dérivée.

$f'(x) =$ .... – ....

05. Dérivation des fonctions du type $f(x) = ku(x)$. (Méthode 1)

Exemple : soit f définie sur $\mathbb{R}$ par $f(x) = -7x^2$.

On veut calculer $f'(x)$.

On remarque que $f(x) = k \times u(x)$ avec $k = -7$ et $u(x) = x^2$.

On sait alors que : $f'(x) = k \times u'(x)$.

En utilisant le tableau de dérivation, on sait que $u'(x) = 2x$.

Il en vient que $f'(x) = k \times u'(x) = -7 \times 2x$

Soit $f'(x) = -14x$.

a. Compléter les pointillés.

Soit $f(x) = 9x^3$.

On remarque que $f(x) = k \times u(x)$ avec

k = ... et $u(x) =$ ....

On sait alors que : $f'(x) = k \times u'(x)$.

En utilisant le tableau de dérivation, on

sait que $u'(x) =$ ....

Il en vient que

$f'(x) = k \times u'(x) =$ .... × ....

Soit $f'(x) =$ ....

b. Compléter les pointillés.

Si $f(x) = 3\,x$

On remarque que $f(x) = k \times u(x)$ avec

$k = \dots\dots$ et $u(x) = \dots\dots$

On sait alors que : $f'(x) = k \times u'(x)$.

En utilisant le tableau de dérivation, on

sait que $u'(x) = \dots\dots$

Il en vient que

$f'(x) = k \times u'(x) = \dots\dots \times \dots\dots$

Soit $f'(x) = \dots\dots$

c. Compléter les pointillés.

Si $f(x) = -2\,x^3$

On remarque que $f(x) = k \times u(x)$ avec

$k = \dots\dots$ et $u(x) = \dots\dots$

Or, on sait d'après la règle 2 que :
$f'(x) = k \times u'(x)$

En utilisant le tableau de dérivation, on

sait que $u'(x) = \dots\dots$

Il en vient que

$f'(x) = k \times u'(x) = \dots\dots \times \dots\dots$

Soit $f'(x) = \dots\dots$

06. Dérivation des fonctions du type $f(x) = ku(x)$. (Méthode 2)

Soit f définie sur $\mathbb{R}$ par $f(x) = -3x^2$.

On commence par faire apparaître le signe « × » qui est implicite.

Soit f définie sur $\mathbb{R}$ par $f(x) = -3 \times x^2$.

Avec un surligneur, on repère en couleur les fonctions du premier tableau de dérivation (x, x^2, x^3 ou une constante k).

ATTENTION : on ne surligne par le −3 car il est multiplié par une puissance de *x*. On ne surlignera les constantes que lorsqu'elles seront « seules ».

Ici $f(x) = -3 \times x^2$

Pour calculer $f'(x)$, on remplace chaque expression surlignée par sa dérivée.

$f'(x) = -3 \times 2x = -6\,x$

a. Soit $f(x) = 3x$.

Écrivons $f(x)$ en faisant apparaître le signe

« × » implicite : $f(x) = \dots\dots \times \dots\dots$

Surlignons la fonction du tableau de dérivation : $f(x) = \dots\dots \times \dots\dots$

Remplaçons l'expression surlignée par sa

dérivée $f'(x) = \dots\dots \times \dots\dots$

Ce qui donne finalement $f'(x) = \dots\dots$

b. Soit $f(x) = -2x^3$.

Écrivons $f(x)$ en faisant apparaître le signe

« × » implicite : $f(x) = \dots\dots \times \dots\dots$

Surlignons la fonction du tableau de dérivation : $f(x) = \dots\dots \times \dots\dots$

Remplaçons l'expression surlignée par sa

dérivée $f'(x) = \dots\dots \times \dots\dots$

Ce qui donne finalement $f'(x) = \dots\dots$

c. Soit $f(x) = 5x^2$.

Écrivons $f(x)$ en faisant apparaître le signe

« × » implicite : $f(x) = \dots\dots \times \dots\dots$

Surlignons la fonction du tableau de dérivation : $f(x) = \dots\dots \times \dots\dots$

Remplaçons l'expression surlignée par sa

dérivée $f'(x) = \dots\dots \times \dots\dots$

Ce qui donne finalement $f'(x) = \dots\dots$

07. Utilisation simultanée des règles de dérivation des fonctions du type $f(x) = u(x) + v(x)$ et du type $f(x) = ku(x)$. (Nous utiliserons ici uniquement la méthode 2 avec le surligneur)

Exemple : soit $f(x) = -3x^3 + 2x^2 + 6x - 5$.

On fait apparaître les « × » implicites :
$f(x) = -3 \times x^3 + 2 \times x^2 + 6 \times x - 5$

On surligne les fonctions du tableau de dérivation : $f(x) = -3 \times x^3 + 2 \times x^2 + 6 \times x - 5$

ATTENTION : on ne surligne que la constante 5 car toutes les autres constantes (−3 ; 2 et 6) sont « accompagnées » d'une puissance de *x*.

On remplace chaque expression surlignée par sa dérivée :

$f'(x) = -3 \times 3x^2 + 2 \times 2x + 6 \times 1 - 0$

Ce qui donne finalement $f'(x) = -9x^2 + 4x + 6$

a. Soit $f(x) = -2x^3 + x^2 - 3x + 4$.

On fait apparaître les « × » implicites :

$f(x) =$ .... × .... + ... − ....

× .... + 4

On surligne les fonctions du tableau de

dérivation : $f(x) =$ ... × .... + ... −

.... × .... + 4

ATTENTION : on ne surligne que la

constante ...... car toutes les autres

constantes (........... et ....) sont « accompagnées » d'une puissance de *x*.

On remplace chaque expression surlignée par sa dérivée.

Ce qui donne finalement

$f'(x) =$ ....

b. Soit $f(x) = 5x^2 - 2x + 1000$.

On fait apparaître les « × » implicites :

$f(x) =$ .... × .... − .... × .... + 1000

On surligne les fonctions du tableau

de dérivation : $f(x) =$ .... × ....

− .... × .... + 1000

ATTENTION : on ne surligne que la

constante .... car toutes les autres

constantes .... et .... sont « accompagnées » d'une puissance de *x*.

On remplace chaque expression surlignée par sa dérivée.

Ce qui donne finalement

$f'(x) =$ ....

c. Soit $f(x) = 3x^3 - 5x^2 + 10x - 5$.

On fait apparaître les « × » implicites :

$f(x) =$ .... × .... − .... × ....

+ .... × .... − 5

On surligne les fonctions du tableau

de dérivation : $f(x) =$ .... × .... −

.... × .... + ... × .... − 5

ATTENTION : on ne surligne que la

constante .... car toutes les autres

constantes (........... et ....) sont « accompagnées » d'une puissance de *x*.

On remplace chaque expression surlignée par sa dérivée.

Ce qui donne finalement

$f'(x) =$ ....

À VOUS DE JOUER

Dans chaque cas suivant, calculer $f'(x)$:

08. $f(x) = -2x^3$

....

....

09. $f(x) = -5x$

....

....

10. $f(x) = 12$

....

....

11. $f(x) = 3x^2$

....

....

12. $f(x) = -1$

....

....

13. $f(x)=x^2-1$

....

....

14. $f(x)=x^3+x$

....

....

15. $f(x)=x-5$

....

....

16. $f(x)=-2x^3+4x^2$

....

....

17. $f(x)=2x^2-5x+9$

....

....

18. $f(x)=-4x^2-2x$

....

....

19. $f(x)=-5x^2+6x-3$

....

....

20. $f(x)=3x^2-10$

....

....

21. $f(x)=-3x^3+7x^2+5$

....

....

22. $f(x)=x^3-2x^2+3x$

....

....

23. $f(x)=5x^3+3x^2-x+32$

....

....

24. $f(x)=-3x^3+6x-5$

....

....

25. $f(x)=8x^3-x^2+7x+1$

....

....

26. $f(x)=\frac{1}{3}x^3-\frac{3}{2}x^2+x-\frac{5}{8}$

....

....

27. $f(x)=-\frac{5}{3}x^3+\frac{5}{2}x^2-2x+\frac{3}{4}$

....

....

6 CALCULER LE COEFFICIENT DIRECTEUR DE LA TANGENTE EN UN POINT À UNE COURBE À L'AIDE DE LA DÉRIVÉE

On considère une fonction f définie et dérivable sur un intervalle I. On note C_f sa courbe représentative dans un repère orthogonal du plan. On appelle tangente à C_f au point $A(x_A, f(x_A))$ la droite passant par A et ayant pour coefficient directeur le nombre $f'(x_A)$ où f' est la fonction dérivée de f sur l'intervalle I.

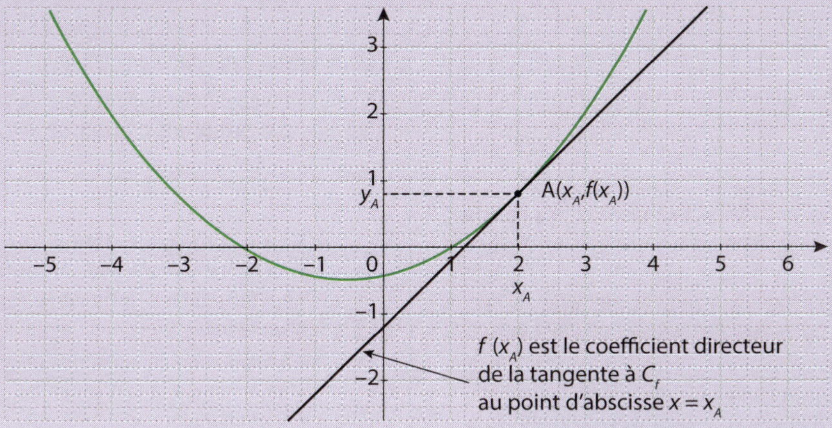

ASTUCE
Lorsqu'une droite est parallèle à l'axe des abscisses, son coefficient directeur est égal à 0.

POUR BIEN DÉMARRER

01. Signification de $f'(a)$.

Exemple :

- $f'(5)$ est le coefficient directeur de la tangente à la courbe représentative de la fonction f au point d'abscisse $x = 5$.
- $h'(-2)$ est le coefficient directeur de la tangente à la courbe représentative de la fonction h au point d'abscisse $x = -2$.

1. Compléter de la même manière les phrases suivantes :

- $f'(-1)$ est .... de la tangente à la courbe représentative de la fonction .... au point d'abscisse $x =$ ....
- $g'(-2)$ est le coefficient directeur de .... au point d'abscisse $x =$ ....
- $h'(5)$ est .... au point d'abscisse $x = 5$.
- $h'(-3)$ est le coefficient directeur de la tangente à la courbe représentative de la fonction h au point d'abscisse $x = -3$.

02. Signification de $f'(a)$ (Bis)

Compléter les phrases suivantes :

- Le coefficient directeur de la tangente à la courbe représentative de la fonction g au point d'abscisse $x = 3$ se note : $g'(3)$.
- Le coefficient directeur de la tangente à la courbe représentative de la fonction h au point d'abscisse $x = -5$ se note : ....
- Le coefficient directeur de la tangente à la courbe représentative de la fonction f au point d'abscisse $x = 1$ se note : ....

- Le coefficient directeur de la tangente à la courbe représentative de la fonction g au point d'abscisse $x = 0$ se note : ....

03. Dans chaque cas, déterminer $f'(x)$.

a. $f(x) = 9$
b. $f(x) = -4x^3 + 5x^2 - 4$
c. $f(x) = 3x^2 - 2x + 1$
d. $f(x) = -5x + 12$

PAS À PAS

04. *Exemple :*

Soit f la fonction définie sur $\mathbb{R}$ par $f(x) = -x^3 + 3x^2 - 7x + 2$. On note C_f sa courbe représentative dans un repère orthonormé du plan.

On souhaite déterminer le coefficient directeur de la tangente à C_f au point d'abscisse $x = -1$.

- Le coefficient directeur de la tangente à C_f au point d'abscisse $x = -1$ est par définition $f'(-1)$.
- Pour calculer $f'(-1)$, il faut que l'on connaisse l'expression de $f'(x)$.

  Pour cela, on utilise ce qui a été vu dans l'automatisme 5 p. 84
  $f(x) = -x^3 + 3 \times x^2 - 7 \times x + 2$

  Donc $f'(x) = -3x^2 + 3 \times 2x - 7 \times 1 + 0$
  Soit $f'(x) = -3x^2 + 6x - 7$
- On calcule $f'(-1)$
  $f'(-1) = -3 \times (-1)^2 + 6 \times (-1) - 7$ (on fait attention de remplacer x par (-1) avec des parenthèses pour que les puissances éventuelles portent sur le -1).
  On trouve $f'(-1) = -16$.
- Le coefficient directeur de la tangente à C_f au point d'abscisse $x = -1$ est $f'(-1) = -16$.

a. Soit g la fonction définie sur $\mathbb{R}$ par $g(x) = -2x^2 + 3x - 1$. On note C_g sa courbe représentative dans un repère orthonormé du plan.

On souhaite déterminer le coefficient directeur de la tangente à C_g au point d'abscisse $x = 2$.

Compléter les pointillés :

- Le coefficient directeur de la tangente à C_g au point d'abscisse $x = 2$ est par définition ....
- Pour calculer ...., il faut que l'on connaisse l'expression de ....
  Pour cela, on utilise ce qui a été vu dans l'automatisme 5 p. 84.
  $g(x) = -2 \times x^2 + 3 \times x - 1$

  Donc $g'(x) =$ ....

  Soit $g'(x) =$ ....
- On calcule ....
- Le coefficient directeur de la tangente à C_g au point d'abscisse $x = 2$ est ....

b. Soit h la fonction définie sur $\mathbb{R}$ par $h(x) = 3x^3 - 4x + 143$. On note C_h sa courbe représentative dans un repère orthonormé du plan.

On souhaite déterminer le coefficient directeur de la tangente à C_h au point d'abscisse $x = -2$

Compléter les pointillés :

- Le coefficient directeur de la tangente à C_h au point d'abscisse $x = -2$ est par définition ....
- Pour calculer ...., il faut que l'on connaisse l'expression de ....
  Pour cela, on utilise ce qui a été vu dans l'automatisme 5 p. 84.
  $h(x) = 3 \times 3x^2 - 4 \times 1 + 0$

  Donc $h'(x) =$ ....

  Soit $h'(x) =$ ....
- On calcule ....
- Le coefficient directeur de la tangente à C_h au point d'abscisse $x = -2$ est ....

05. *Exemple :*

Soit f la fonction définie sur $\mathbb{R}$ par $f(x)=-2x^3+3x+1$. On note C_f sa courbe représentative dans un repère orthonormé du plan.

On souhaite déterminer le coefficient directeur de la tangente à C_f au point A(1 ; 2).

- Le point A a pour abscisse $x=1$. Le coefficient directeur de la tangente à C_f au point d'abscisse $x=1$ est par définition $f'(1)$
- Pour calculer $f'(1)$, il faut que l'on connaisse l'expression de $f'(x)$.

  Pour cela, on utilise ce qui a été vu dans l'automatisme 5 p. 84.

  $f(x)=-2\times x^3+3\times x+1$

  Donc $f'(x)=-2\times 3x^2+3\times 1+0$

  Soit $f'(x)=-6x^2+3$
- On calcule $f'(1)$

  $f'(1)=-2\times 1^2+3\times 1+1.$

  $=2$
- Le coefficient directeur de la tangente à C_f au point A(1 ; 2) est $f'(1)=2$.

a. Soit g la fonction définie sur $\mathbb{R}$ par $g(x)=3x^3-2x^2+5$. On note C_g sa courbe représentative dans un repère orthonormé du plan.

On souhaite déterminer le coefficient directeur de la tangente à C_g au point B(−1 ; 0)

Compléter les pointillés :

- Le point B(−1 ; 0) a pour abscisse

  $x=$ .... Le coefficient directeur de la tangente à C_g au point d'abscisse

  $x=$ .... est par définition ....
- Pour calculer ...., il faut que l'on

  connaisse l'expression de ....

Pour cela, on utilise ce qui a été vu dans l'automatisme 5 p. 84.

$g(x)=3\times x^3-2\times x^2+5$

Donc $g'(x)=$ ....

Soit $g'(x)=$ ....

- On calcule ....
- Le coefficient directeur de la tangente à C_g au point B(−1 ; 0)

  est ....

b. Soit h la fonction définie sur $\mathbb{R}$ par $h(x)=-4x^3+2x^2+4x$. On note C_h sa courbe représentative dans un repère orthonormé du plan.

On souhaite déterminer le coefficient directeur de la tangente à C_h au point C(−1 ; 2).

Compléter les pointillés :

- Le point C(−1 ; 2) a pour abscisse

  $x=$ .... Le coefficient directeur de la tangente à C_h au point d'abscisse

  $x=$ ....est par définition ....
- Pour calculer ...., il faut que l'on

  connaisse l'expression de ....

  Pour cela, on utilise ce qui a été vu dans l'automatisme 5 p. 84.

  $h(x)=$ ....

  Donc $h'(x)=$ ....

  Soit $h'(x)=$ ....
- On calcule ....
- Le coefficient directeur de la tangente à C_h au point C(−1 ; 2)

  est ....

À VOUS DE JOUER

Pour chacun des cas suivants, déterminer le coefficient directeur de la tangente à C_f passant par le point demandé.

06. $f(x)=5x^3$
passant par le point de C_f d'abscisse $x = 2$

07. $g(x)=3x$
passant par le point de C_g d'abscisse $x = -3$

08. $f(x)=-9$
passant par le point de C_f d'abscisse $x = 5$

09. $f(x)=-4x^2$
passant par le point A(1 ; –4) de C_f

10. $f(x)=-234$
passant par le point A(10 ; –234) de C_f

11. $f(x)=x^2+3$
passant par le point A(–2 ; 7) de C_f

12. $h(x)=x^3+x^2$
passant par le point de C_h d'abscisse $x = 5$

13. $f(x)=5x-1$
passant par le point A(2 ; 9) de C_f

14. $f(x)=7x^3-x^2$
passant par le point A(–1 ; –8) de C_f

15. $f(x)=5x^2-2x+2$
passant par le point de C_f d'abscisse $x = 5$

16. $f(x)=-3x^2-5x$
passant par le point A(−2 ; −2) de C_f

17. $h(x)=-x^2+2x-9$
passant par le point de C_h d'abscisse $x=5$

18. $f(x)=-2x^2+5$
passant par le point A(3 ; −13) de C_f

19. $f(x)=-2x^3+3x^2+1$
passant par le point de C_f d'abscisse $x=-2$

20. $g(x)=x^3-3x^2+x$
passant par le point A(1 ; −4) de C_g

21. $f(x)=2x^3-5x^2-2x+12$
passant par le point A(1 ; 7) de C_f

22. $f(x)=-3x^3+4x-2$
passant par le point de C_f d'abscisse $x=1$

23. $h(x)=5x^3-2x^2+3x+1$
passant par le point A(−1 ; 1) de C_h

24. $f(x)=\frac{-2}{3}x^3+\frac{1}{2}x^2+x-\frac{23}{3}$
passant par le point de C_f d'abscisse $x=-3$

25. $f(x)=\frac{4}{3}x^3-\frac{1}{2}x^2+3x-\frac{5}{7}$
passant par le point de C_f d'abscisse $x=2$

7 BILAN INTERMÉDIAIRE • CHAPITRE 4

1 Donner la ou les solution(s) réelle(s) de l'équation :

$3(x-5) = -x + 8.$

2 Donner la ou les solution(s) réelle(s) de l'équation :

$9x^2 - 4 = 0$

3 Factoriser l'expression suivante :

$(6x+1)(x-5)-3(x-5)$

4 Remplir le tableau de signes ci-dessous de l'expression $-3x + 12$

x	$-\infty$ $+\infty$
Signe de …………	

5 Remplir le tableau de signes ci-dessous de l'expression $-5(x + 1)(x-4)$

x	$-\infty$ $+\infty$
Signe de …………	

6 Soit l'égalité $y = 10x - 23$.

Exprimer x en fonction de y.

7 Le bénéfice B exprimé en euros est donné par la formule $B = R - C$ où R est la recette exprimée en euros et C les coûts de production exprimés en euros.

Déterminer les bénéfices d'une entreprise dont la recette est de $1{,}5\times10^6$ euros et les coûts de productions de 780 000 euros.

8 Développer et réduire l'expression suivante :

$(x + 5)^2 + 2(x-6)$

9 Soit f définie par $f(x)=\frac{2}{3}x^3-5x+7.$

Calculer $f'(x)$.

10 On sait que $g(x) = 5x^2 - 3x + 7$.

Déterminer le coefficient directeur de la tangente à la courbe représentative de la fonction g au point d'abscisse $x = 2$.

8 BILAN INTERMÉDIAIRE • CHAPITRES 1 À 4

1	Dans $\frac{2}{5}$ des compétitions auxquelles il a participé, Martin a gagné une médaille (or, argent ou bronze). 20 % des médailles gagnées étaient en or. Quel est le pourcentage des médailles d'or gagnées par rapport à l'ensemble des compétitions auxquelles Martin a participé ?	
2	Un smartphone coûte actuellement 220 €. Il va subir une baisse de 15 %. Quel sera alors son nouveau prix ?	
3	Quel est le taux réciproque associé à une hausse de 25 % ?	
4	Un article subit une hausse de 20 % puis une baisse de 20 %. Quel est le taux d'évolution du prix de cet article à l'issue des deux évolutions ?	
5	Donner sous forme d'une fraction le résultat de : $3\times\frac{2}{7}-5$	
6	Mettre en écriture scientifique le nombre : $\frac{7\times10^8}{2\times10^3}$	
7	Donner les solutions réelles de l'inéquation : $5x + 6 > -2(x+4)$	
8	Si $f(x) = 3x^2 - 5x + 7$ alors $f'(x) =$	
9	Remplir le tableau de signes ci-dessous de l'expression $12(x-6)(x-1)$	
10	Factoriser l'expression $x^2 - \frac{16}{25}$	

Tableau de signes (question 9) :

x	$-\infty$ $\qquad\qquad$ $+\infty$
Signe de	

1 DÉTERMINER GRAPHIQUEMENT DES IMAGES ET DES ANTÉCÉDENTS – RÉSOUDRE GRAPHIQUEMENT UNE ÉQUATION, UNE INÉQUATION DU TYPE $f(x) = k$, $f(x) < k$

Soit f une fonction définie sur un ensemble D et à valeurs dans $\mathbb{R}$.

- Si $x \in D$, alors $y = f(x)$ s'appelle l'**image** de x par f.
- Si $y \in \mathbb{R}$, alors tout élément x de D vérifiant $f(x) = y$ s'appelle un **antécédent** de y par f.
- Si le plan est muni d'un repère, la **courbe représentative** de la fonction f est l'ensemble des points du plan de coordonnées $(x; f(x))$, avec x parcourant D.

  Sur le graphique ci-contre :
  - l'image de x_1 par la fonction f est y ;
  - l'image de x_2 par la fonction f est y ;
  - les antécédents de y par la fonction f sont x_1 et x_2.

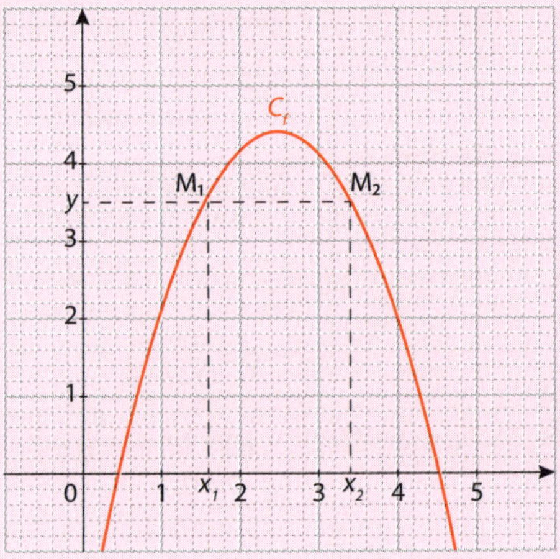

- Soit k un nombre réel.
  - **Résoudre graphiquement l'équation** $f(x) = k$ revient à déterminer les antécédents de k par la fonction f à l'aide de sa courbe représentative.
  - **Résoudre graphiquement l'inéquation** $f(x) < k$ revient à déterminer les réels x de D dont l'image par la fonction f est strictement inférieure à k à l'aide de la courbe représentative de la fonction f.

  Par exemple, on considère la fonction f dont la courbe représentative est tracée sur le graphique ci-contre :
  - L'équation $f(x) = 2$ a pour ensemble-solution $S = \{1; 4\}$.
  - L'équation $f(x) = 4,4$ a pour ensemble-solution $S = \{2,5\}$.
  - L'équation $f(x) = 5$ a pour ensemble-solution $S = \varnothing$ (pas de solution).
  - L'inéquation $f(x) < 2$ a pour ensemble-solution $S =]-\infty; 1[\cup]4; +\infty[$ (les réels ayant une image par f strictement inférieure à 2 sont soit strictement inférieurs à 1, soit strictement supérieurs à 4).

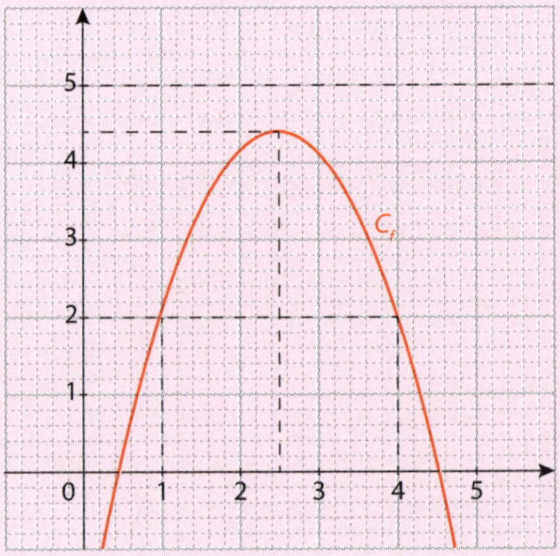

ASTUCES

- Les antécédents d'un réel se lisent sur l'axe des abscisses (s'ils existent) et l'image d'un réel se lit sur l'axe des ordonnées.
- Il se peut qu'un réel n'ait pas d'image par une fonction (c'est le cas des réels qui n'appartiennent pas à l'ensemble de définition de cette fonction). Mais, en cas d'existence, l'image est unique.
- Il se peut qu'un réel n'ait pas d'antécédents par une fonction. Mais, en cas d'existence, il n'y a pas nécessairement unicité.

PAS À PAS

Dans tout ce qui suit, le plan est muni d'un repère.

01. Déterminer graphiquement l'image de 2 par la fonction f dont la courbe représentative est donnée sur le graphique suivant.

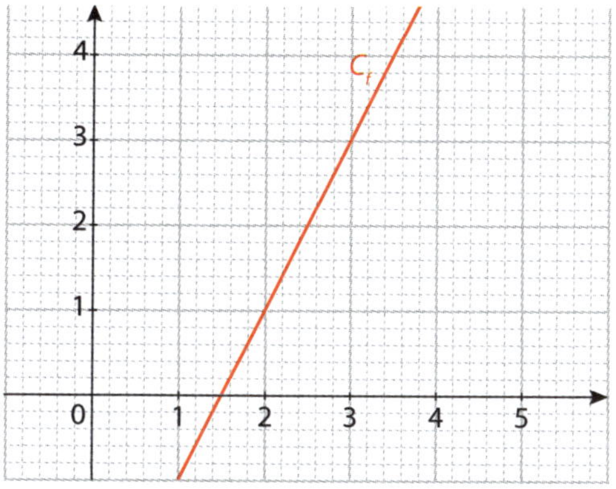

a. On commence par se placer en 2 sur l'axe des abscisses.

b. On trace ensuite la droite parallèle à l'axe des ordonnées passant par la valeur 2 en abscisse, c'est-à-dire la droite d'équation $x = 2$.

c. On repère le point d'intersection de cette droite avec la courbe représentative de la fonction f.

d. On trace la parallèle à l'axe des abscisses passant par ce point d'intersection.

Elle coupe l'axe des ordonnées en une valeur égale à l'image cherchée.

e. On a donc : $f(2) =$ ....

02. Déterminer graphiquement le(s) antécédent(s) de 5 par la fonction f dont la courbe représentative est donnée sur le graphique suivant.

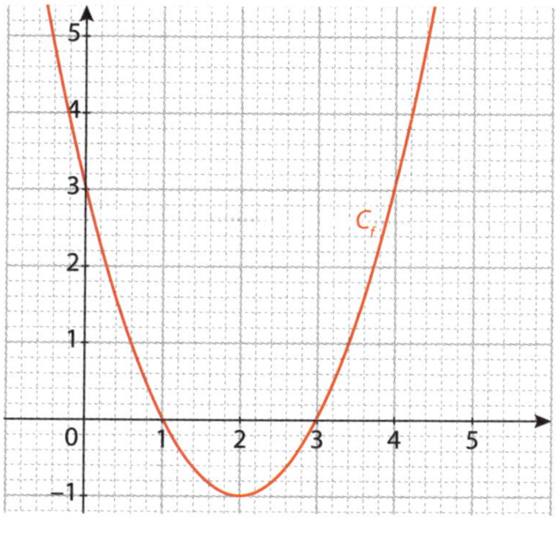

a. On commence par se placer en 5 sur l'axe des ordonnées.

b. On trace ensuite la droite parallèle à l'axe des abscisses passant par la valeur 5 en ordonnée, c'est-à-dire la droite d'équation $y = 5$.

c. On repère le(s) point(s) d'intersection de cette droite avec la courbe représentative de la fonction f.

d. On trace la parallèle à l'axe des ordonnées passant par ce(s) point(s) d'intersection.

Elle(s) coupe(nt) l'axe des abscisses en une valeur égale à le(s) antécédent(s) cherché(s).

e. Le(s) antécédent(s) de 5 par la fonction f est (sont) donc :

....

03. Résoudre graphiquement l'équation $f(x) = 4$, à l'aide de la courbe représentative de la fonction f donnée sur le graphique suivant.

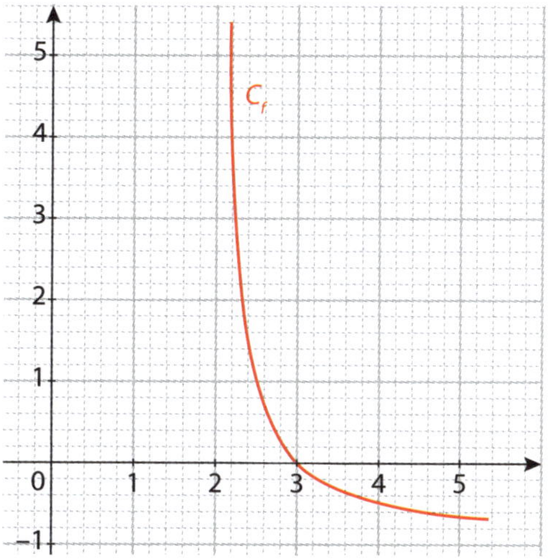

Résoudre l'équation $f(x) = 4$ revient à déterminer le(s) antécédent(s) de 4 par la fonction f (s'il y en a !).

a. On commence donc par se placer en .... sur l'axe des ordonnées.

b. On trace ensuite la droite parallèle à l'axe des abscisses passant par la valeur .... en ordonnée, c'est-à-dire la droite d'équation :

....

c. On repère le(s) point(s) d'intersection de cette droite avec la courbe représentative de la fonction f.

d. On trace la parallèle à l'axe des ordonnées passant par ce(s) point(s) d'intersection.

Elle(s) coupe(nt) l'axe des abscisses en une valeur égale à le(s) antécédent(s) cherché(s).

e. L'équation $f(x)=4$ a donc pour solution(s) :

$\mathcal{S}=\{$............$\}$.

04. Résoudre graphiquement l'inéquation $f(x)>2$, à l'aide de la courbe représentative de la fonction f donnée sur le graphique suivant.

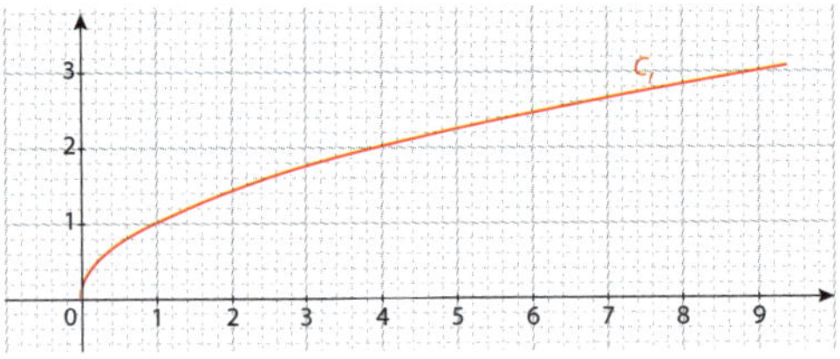

Résoudre l'inéquation $f(x)>2$ revient à déterminer le(s) antécédent(s) dont l'image par la fonction f est strictement supérieure à 2 (s'il y en a !).

a. On commence donc par se placer en 2 sur l'axe des ordonnées.

b. On trace ensuite la droite parallèle à l'axe des abscisses passant par la valeur 2 en ordonnée, c'est-à-dire la droite d'équation $y=2$.

c. On repasse d'une autre couleur la (les) portion(s) de courbe située(s) au-dessus de cette droite (car l'inéquation est ici $f(x)>2$).

d. On repasse sur l'axe des abscisses les réels correspondant à la (les) portion(s) de courbe repassée(s) d'une autre couleur.

e. On relève les valeurs des abscisses correspondantes pour obtenir les solutions de l'inéquation.

L'inéquation $f(x)>2$ a donc pour solution(s) :

$\mathcal{S}=]$............ ; ....$[$.

05. Résoudre graphiquement l'inéquation $f(x)\geq 2$, à l'aide de la courbe représentative de la fonction f donnée sur le graphique précédent.

Ici, il s'agit simplement de reprendre l'ensemble des solutions de l'inéquation $f(x)>2$, mais en y ajoutant les réels ayant une image égale à 2 (puisque l'inégalité est large cette fois-ci).

L'inéquation $f(x)\geq 2$ a donc pour solution(s) :

$\mathcal{S}=|$............ ; ....$[$ (compléter également la barre verticale pour avoir le bon crochet à gauche).

06. Résoudre graphiquement l'inéquation $f(x)<3$, à l'aide de la courbe représentative de la fonction f donnée sur le graphique suivant.

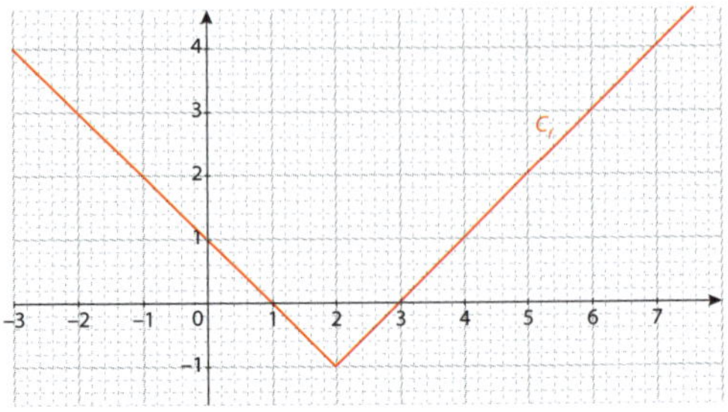

Résoudre l'inéquation $f(x)<3$ revient à déterminer le(s) antécédent(s) dont l'image par la fonction f est strictement inférieure à 3 (s'il y en a !).

a. On commence donc par se placer

en .... sur l'axe des ordonnées.

b. On trace ensuite la droite parallèle à l'axe

des abscisses passant par la valeur .... en ordonnée, c'est-à-dire la droite d'équation :

....

c. On repasse d'une autre couleur la (les) portion(s) de courbe située(s) en dessous de cette droite (car l'inéquation est ici $f(x)<3$).

d. On repasse sur l'axe des abscisses les réels correspondant à la (les) portion(s) de courbe repassée(s) d'une autre couleur.

e. On relève les valeurs des abscisses correspondantes pour obtenir les solutions de l'inéquation.

L'inéquation $f(x)<3$ a donc pour solution(s) :

$\mathcal{S}=]$............ ; ....$[$.

07. Résoudre graphiquement l'inéquation $f(x)\leq 3$, à l'aide de la courbe représentative de la fonction f donnée sur le graphique précédent.

Ici, il s'agit simplement de reprendre l'ensemble des solutions de l'inéquation $f(x)<3$, mais en y ajoutant les réels ayant une image égale à 3 (puisque l'inégalité est large cette fois-ci).

L'inéquation $f(x)\leq 3$ a donc pour solution(s) :

$\mathcal{S}=|$............ ; ....$|$
(compléter également les barres verticales pour avoir les bons crochets).

À VOUS DE JOUER

Pour les sept prochains exercices, on considère la fonction *f* dont la courbe représentative est donnée sur le graphique suivant :

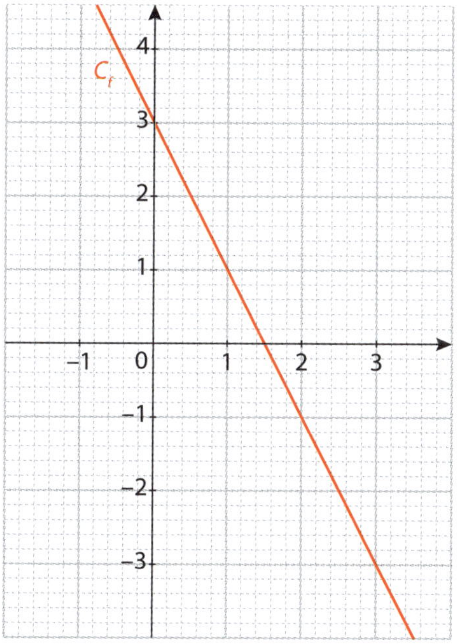

08. Déterminer graphiquement l'image de 3 par la fonction f.

....

....

09. Déterminer graphiquement le(s) antécédent(s) de -1 par la fonction f.

....

....

10. Résoudre graphiquement l'équation $f(x)=2$.

....

....

11. Résoudre graphiquement l'inéquation $f(x)>1$.

....

....

12. Résoudre graphiquement l'inéquation $f(x)\geq 1$.

....

....

13. Résoudre graphiquement l'inéquation $f(x)<-2$.

....

....

14. Résoudre graphiquement l'inéquation $f(x)\leq -2$.

....

....

Pour les sept prochains exercices, on considère la fonction *f* dont la courbe représentative est donnée sur le graphique suivant :

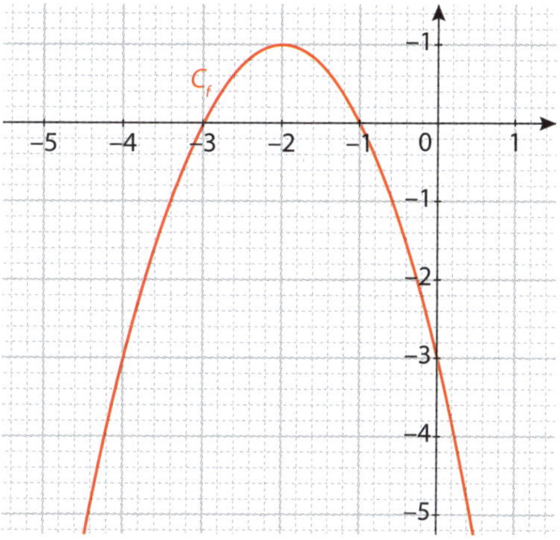

15. Déterminer graphiquement l'image de -4 par la fonction f.

....

....

16. Déterminer graphiquement le(s) antécédent(s) de -5 par la fonction f.

....

....

17. Résoudre graphiquement l'équation $f(x)=1$.

....

....

18. Résoudre graphiquement l'inéquation $f(x)>-2$.

....

....

19. Résoudre graphiquement l'inéquation $f(x)\geq-2$.

....

....

20. Résoudre graphiquement l'inéquation $f(x)<-4$.

....

....

21. Résoudre graphiquement l'inéquation $f(x)\leq-4$.

....

....

Pour les sept prochains exercices, on considère la fonction *f* dont la courbe représentative est donnée sur le graphique suivant :

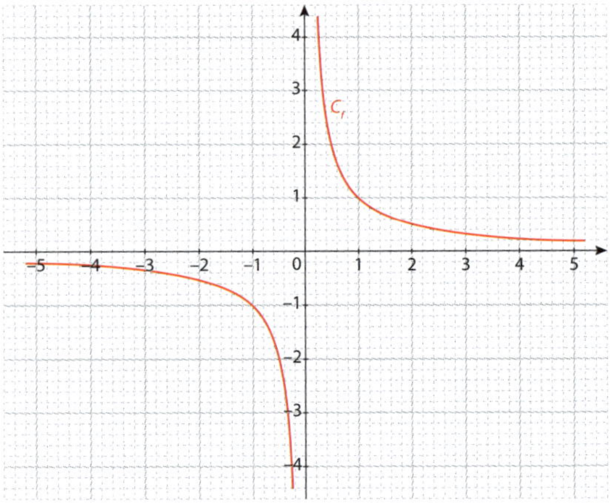

22. Déterminer graphiquement l'image de 5 par la fonction f.

....

....

23. Déterminer graphiquement le(s) antécédent(s) de -1 par la fonction f.

....

....

24. Résoudre graphiquement l'équation $f(x)=2$.

....

....

25. Résoudre graphiquement l'inéquation $f(x)>1$.

....

....

26. Résoudre graphiquement l'inéquation $f(x)\geq1$.

....

....

27. Résoudre graphiquement l'inéquation $f(x)<3$.

....

....

28. Résoudre graphiquement l'inéquation $f(x)\leq-3$.

....

....

Pour les sept prochains exercices, on considère la fonction *f* dont la courbe représentative est donnée sur le graphique suivant :

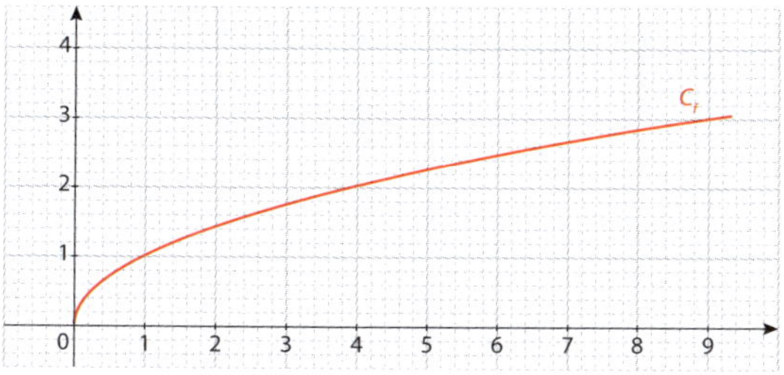

29. Déterminer graphiquement l'image de 9 par la fonction f.

....

....

30. Déterminer graphiquement le(s) antécédent(s) de $1,4$ par la fonction f.

....

....

31. Résoudre graphiquement l'équation $f(x)=2,2$.

....

....

32. Résoudre graphiquement l'inéquation $f(x)>-0,2$.

....

....

33. Résoudre graphiquement l'inéquation $f(x)\geq -0,2$.

....

....

34. Résoudre graphiquement l'inéquation $f(x)<0$.

....

....

35. Résoudre graphiquement l'inéquation $f(x)\leq 0$.

....

....

Pour les cinq prochains exercices, on considère la fonction *f* dont la courbe représentative est donnée sur le graphique suivant :

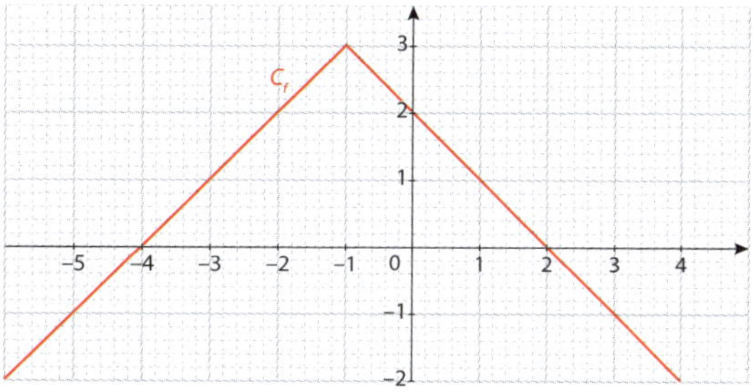

36. Déterminer graphiquement l'image de -5 par la fonction f.

....

....

37. Déterminer graphiquement le(s) antécédent(s) de $1,4$ par la fonction f.

....

....

38. Résoudre graphiquement l'équation $f(x)=-0,6$.

....

....

39. Résoudre graphiquement l'inéquation $f(x)>1,2$.

....

....

40. Résoudre graphiquement l'inéquation $f(x)\geq 1,2$.

....

....

2 DÉTERMINER LE SIGNE D'UNE EXPRESSION FACTORISÉE DU SECOND DEGRÉ À L'AIDE D'UNE IMAGE MENTALE DE LA COURBE REPRÉSENTATIVE DE LA FONCTION CORRESPONDANTE

- Une **fonction polynôme du second degré** est une fonction qui peut s'écrire sous la forme $P(x)=ax^2+bx+c$, avec a,b,c trois réels et $a\neq 0$.
- La **courbe représentative** d'une fonction polynôme du second degré s'appelle une **parabole.**

  Son orientation dépend du signe du réel a (qui est le coefficient du monôme de degré 2).

  Si $\boldsymbol{a>0}$, la parabole est orientée « vers le haut » et, si $\boldsymbol{a<0}$, elle est orientée « vers le bas ».
- Lorsqu'elle est factorisable, une fonction polynôme du second degré peut s'écrire sous la forme $P(x)=a(x-r)^2$ (cas où le polynôme admet une racine double r) ou $P(x)=a(x-r_1)(x-r_2)$ (cas où le polynôme admet deux racines réelles distinctes r_1 et r_2).
- De la forme factorisée d'un polynôme du second degré, on en déduit ses racines (une racine double r ou deux racines réelles distinctes r_1 et r_2) et l'orientation de sa courbe (grâce au signe de a). De là, on peut en déduire son **tableau de signes** :

  – si la forme factorisée de la fonction polynôme du second degré est $P(x)=a(x-r)^2$:

$a>0$

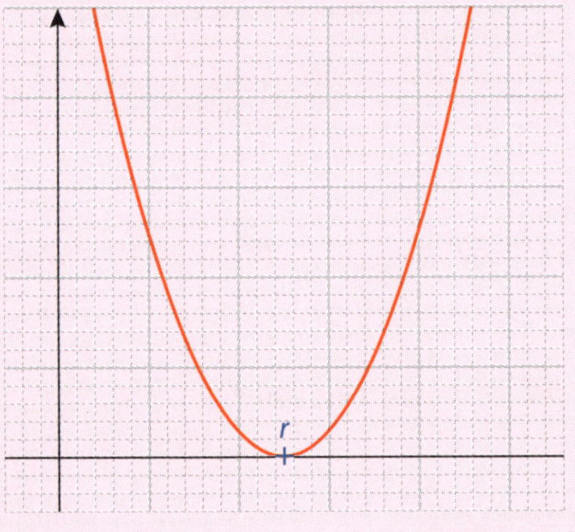

$a<0$

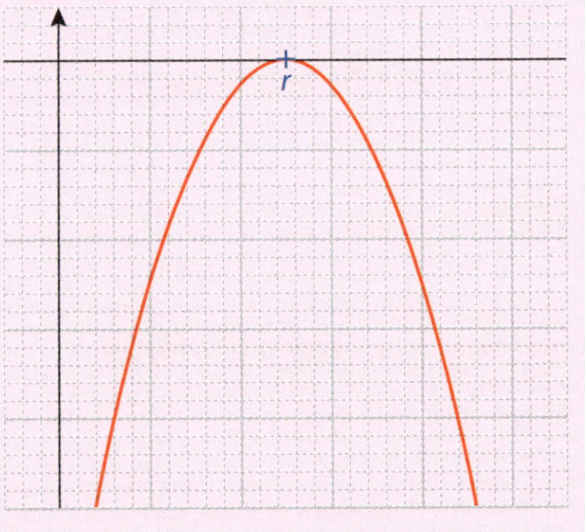

Valeurs de x	$-\infty$		r		$+\infty$
Signe de $P(x)=a(x-r)^2$		$sgn(a)$	0	$sgn(a)$	

Autrement dit, $P(x)$ est toujours du signe de a et s'annule une unique fois en r.

>>>

– si la forme factorisée de la fonction polynôme du second degré est $P(x)=a(x-r_1)(x-r_2)$:

$a>0$

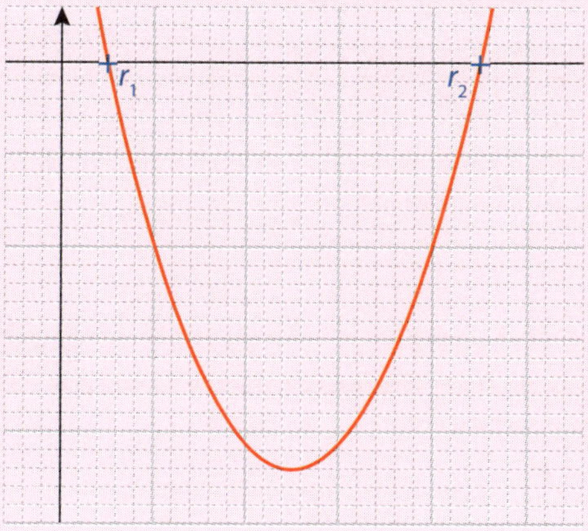

$a<0$

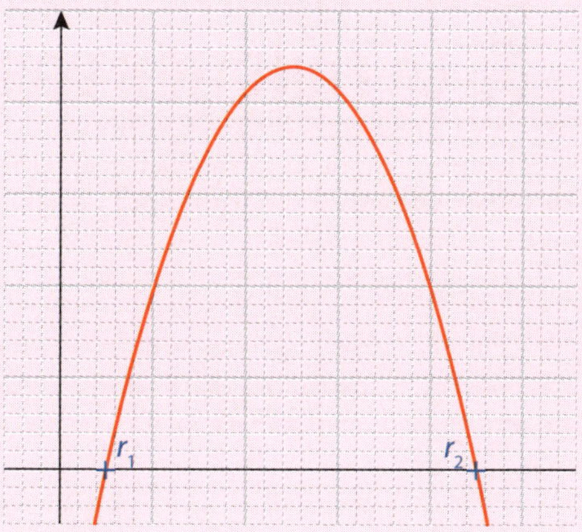

Valeurs de x	$-\infty$		r_1		r_2		$+\infty$
Signe de $P(x)=a(x-r_1)(x-r_2)$		$sgn(a)$	0	$sgn(-a)$	0	$sgn(a)$	

On dit alors que $P(x)$ est du signe de a « à l'extérieur de ses racines ».

ASTUCE

Le nombre de racines d'une fonction polynôme du second degré est aussi le nombre de points d'intersection de sa courbe représentative avec l'axe des abscisses.

PAS À PAS

01. Déterminer le signe du polynôme du second degré $P(x)=2(x-3)(x-4)$.

a. Ici, compte tenu de la forme factorisée du polynôme du second degré, ce dernier admet deux racines réelles distinctes qui sont :

.... et ....

b. Par ailleurs, le coefficient de son monôme de degré 2 est égal à .... : il est donc de signe ....

c. On en déduit que l'allure de la courbe représentative de P est la suivante *(barrer la représentation qui ne convient pas et placer les valeurs des racines aux bons endroits)* :

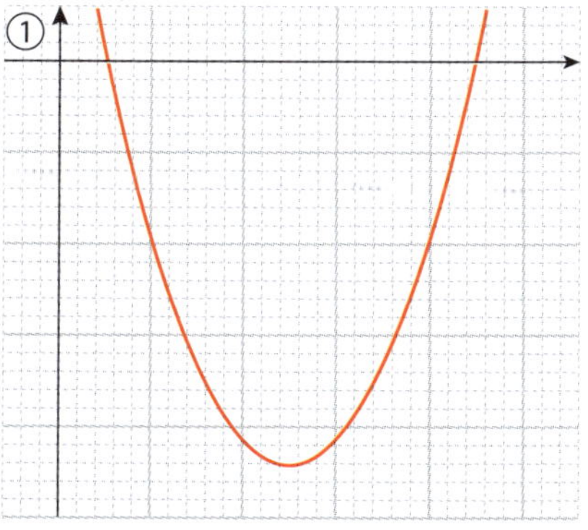

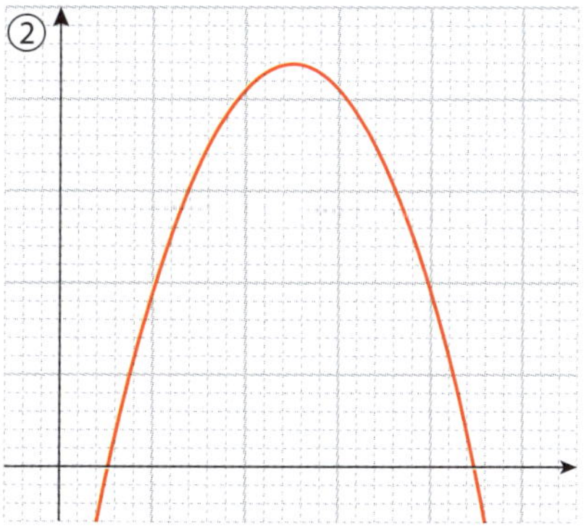

d. Finalement, le tableau de signes du polynôme $P(x)$ est :

Valeurs de x	$-\infty$	....		....	$+\infty$
Signe de $P(x)$	....	0	....	0	....

02. Déterminer le signe du polynôme du second degré $P(x)=-5(x-6)(x+7)$.

a. Ici, compte tenu de la forme factorisée du polynôme du second degré, ce dernier admet deux racines réelles distinctes qui sont :

.... et ....

b. Par ailleurs, le coefficient de son monôme de degré 2 est égal à .... : il est donc de signe ....

c. On en déduit que l'allure de la courbe représentative de P est la suivante *(barrer la représentation qui ne convient pas et placer les valeurs des racines aux bons endroits)* :

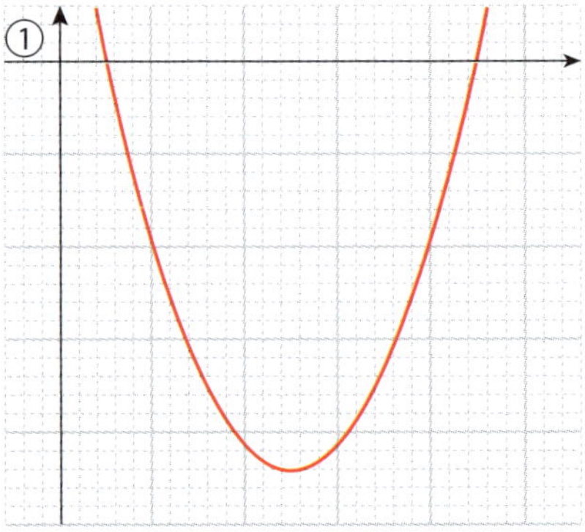

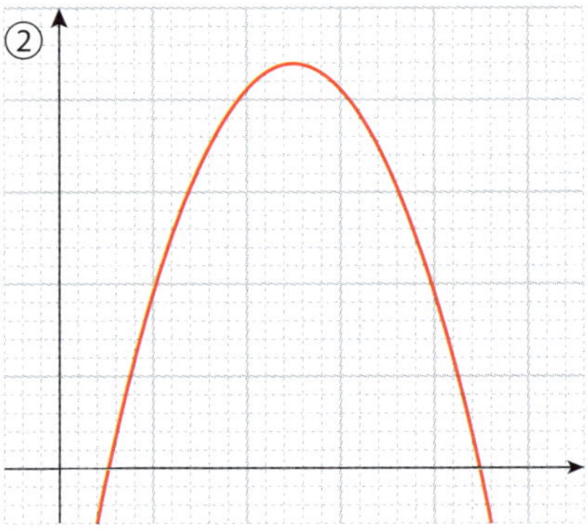

d. Finalement, le tableau de signes du polynôme $P(x)$ est :

Valeurs de x	$-\infty$	....		....	$+\infty$
Signe de $P(x)$	....	0	....	0	....

03. Déterminer le signe du polynôme du second degré $P(x)=8(x+9)^2$.

a. Ici, compte tenu de la forme factorisée du polynôme du second degré, ce dernier admet une racine double qui est :

....

b. Par ailleurs, le coefficient de son monôme de degré 2 est égal à .... : il est donc de signe ....

c. On en déduit que l'allure de la courbe représentative de P est la suivante *(barrer la représentation qui ne convient pas et placer la valeur de la racine au bon endroit)* :

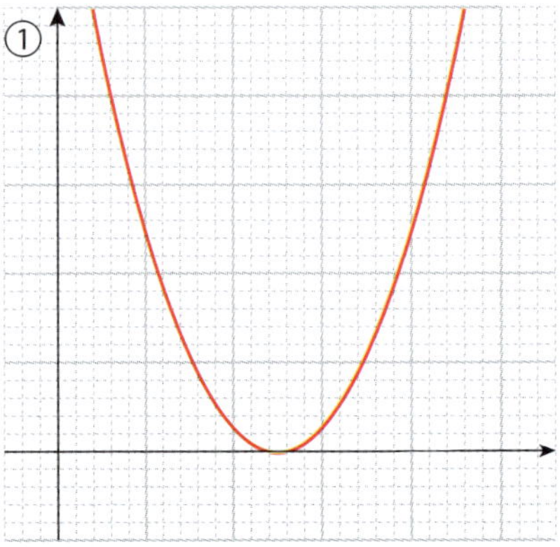

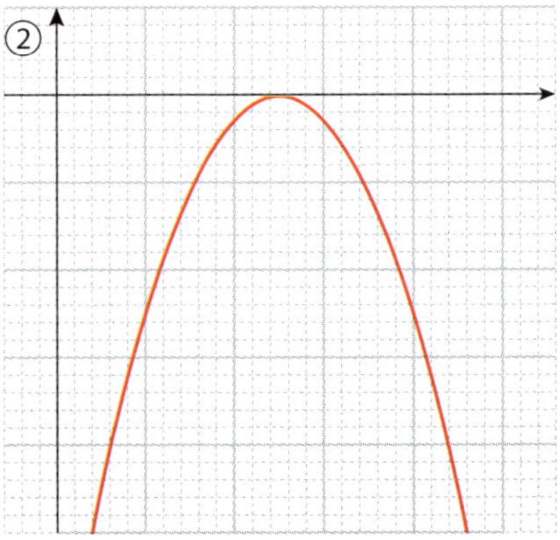

d. Finalement, le tableau de signes du polynôme $P(x)$ est :

Valeurs de x	$-\infty$ ………… $+\infty$
Signe de $P(x)$	………… 0 …………

04. Déterminer le signe du polynôme du second degré $P(x)=-10(x-11)^2$.

a. Ici, compte tenu de la forme factorisée du polynôme du second degré, ce dernier admet une racine double qui est :

…………

b. Par ailleurs, le coefficient de son monôme de degré 2 est égal à ………… : il est donc de signe …………

c. On en déduit que l'allure de la courbe représentative de P est la suivante *(barrer la représentation qui ne convient pas et placer la valeur de la racine au bon endroit)* :

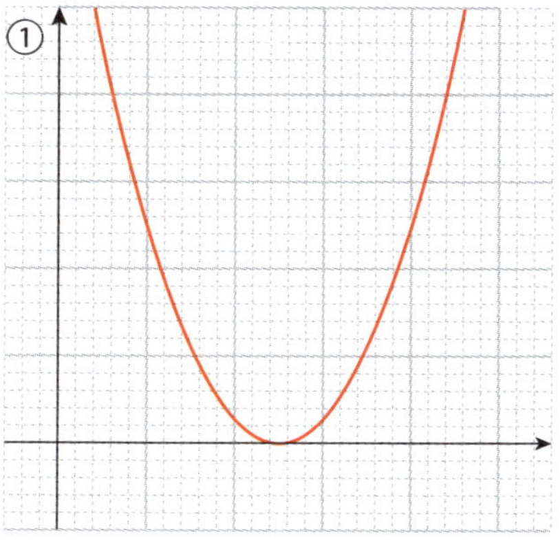

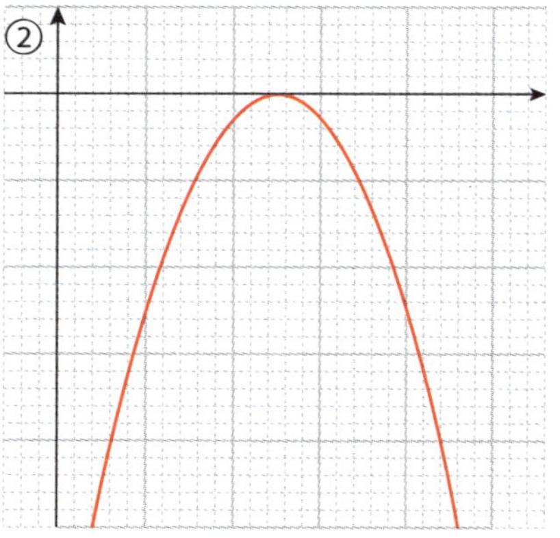

d. Finalement, le tableau de signes du polynôme $P(x)$ est :

Valeurs de x	$-\infty$ ………… $+\infty$
Signe de $P(x)$	………… 0 …………

À VOUS DE JOUER

05. Déterminer le signe du polynôme du second degré $P(x)=5(x-6)(x-4)$.

Valeurs de x	
Signe de $P(x)$	

06. Déterminer le signe du polynôme du second degré $P(x)=-8(x-3)(x-5)$.

Valeurs de x	
Signe de $P(x)$	

07. Déterminer le signe du polynôme du second degré $P(x)=7(x-4)^2$.

Valeurs de x	
Signe de $P(x)$	

08. Déterminer le signe du polynôme du second degré $P(x)=-2(x-9)^2$.

Valeurs de x	
Signe de $P(x)$	

09. Déterminer le signe du polynôme du second degré $P(x)=8(x-9)(x+1)$.

Valeurs de x	
Signe de $P(x)$	

10. Déterminer le signe du polynôme du second degré $P(x)=-9(x+6)(x-9)$.

Valeurs de x	
Signe de $P(x)$	

11. Déterminer le signe du polynôme du second degré $P(x)=2(x+9)^2$.

Valeurs de x	
Signe de $P(x)$	

12. Déterminer le signe du polynôme du second degré $P(x)=-7(x+1)^2$.

Valeurs de x	
Signe de $P(x)$	

13. Déterminer le signe du polynôme du second degré $P(x)=6(x+9)\left(x-\frac{1}{9}\right)$.

Valeurs de x	
Signe de $P(x)$	

14. Déterminer le signe du polynôme du second degré $P(x)=-7(x-3)\left(x+\frac{7}{6}\right)$.

Valeurs de x	
Signe de $P(x)$	

15. Déterminer le signe du polynôme du second degré $P(x)=\frac{7}{4}\left(x-\frac{3}{5}\right)^2$.

Valeurs de x	
Signe de $P(x)$	

16. Déterminer le signe du polynôme du second degré $P(x)=-\frac{1}{4}\left(x-\frac{9}{4}\right)^2$.

Valeurs de x	
Signe de $P(x)$	

17. Déterminer le signe du polynôme du second degré $P(x)=-(x-2)^2$.

Valeurs de x	
Signe de $P(x)$	

18. Déterminer le signe du polynôme du second degré $P(x)=-(x+1)^2$.

Valeurs de x	
Signe de $P(x)$	

19. Déterminer le signe du polynôme du second degré $P(x)=3x^2$.

Valeurs de x	
Signe de $P(x)$	

20. Déterminer le signe du polynôme du second degré $P(x)=-4x^2$.

Valeurs de x	
Signe de $P(x)$	

21. Déterminer le signe du polynôme du second degré $P(x)=\frac{\sqrt{3}}{3}(x-\pi)\left(x-\sqrt{2}\right)$.

Valeurs de x	
Signe de $P(x)$	

3 DÉTERMINER GRAPHIQUEMENT LE SIGNE D'UNE FONCTION OU SON TABLEAU DE VARIATIONS

- **Une fonction est positive** lorsque sa courbe représentative est au-dessus de l'axe des abscisses et **négative** lorsque sa courbe représentative est en dessous de l'axe des abscisses.
- Pour établir le **tableau de signes d'une fonction,** on peut commencer par relever les « zéros » de cette fonction (c'est-à-dire les abscisses des points d'intersection de sa courbe avec l'axe des abscisses). Il ne reste alors plus qu'à compléter le tableau avec les signes selon le positionnement de la courbe par rapport à l'axe des abscisses (comme indiqué précédemment).

  Par exemple, on considère la fonction f dont la courbe représentative est donnée ci-dessous :

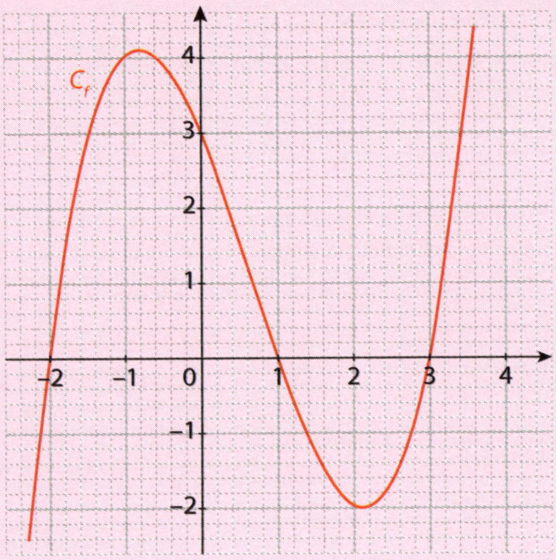

On obtient alors le tableau suivant :

Valeurs de x	$-\infty$		-2		1		3		$+\infty$
Signe de $f(x)$		$-$	0	$+$	0	$-$	0	$+$	

- Pour établir **le tableau de variations** d'une fonction, on peut commencer par relever les extrema de cette fonction (minimums ou maximums). Il ne reste alors plus qu'à compléter le tableau avec les flèches de variation.

  Pour la fonction f dont la courbe représentative est donnée ci-dessus, on constate qu'elle admet un maximum environ égal à 4,1 et atteint pour $x \approx -0{,}8$ et un minimum environ égal à -2 et atteint pour $x \approx 2{,}1$.

  On obtient alors le tableau de variations suivant :

Valeurs de x	$-\infty$		$-0{,}8$		$2{,}1$		$+\infty$
Variations de f		↗	4,1	↘	-2	↗	

ASTUCE

Pour chacun des tableaux (de signes ou de variations), les « valeurs de x » se lisent sur l'axe des abscisses et le « signe de $f(x)$ » ou les « variations de f » se lisent grâce à l'axe des ordonnées.

PAS À PAS

01. Dresser le tableau de signes de la fonction f dont la courbe représentative est donnée ci-dessous.

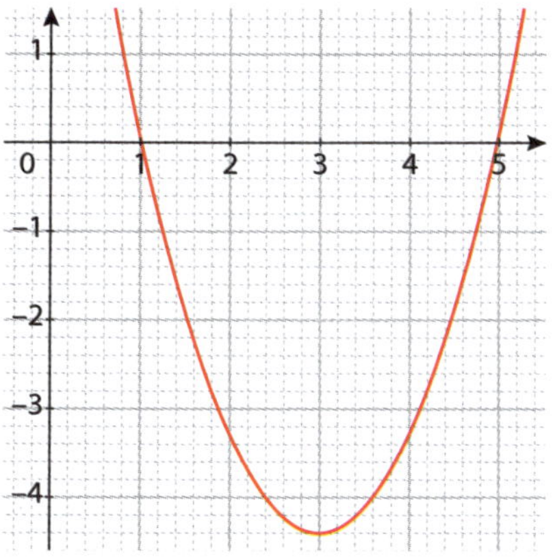

a. On commence par déterminer graphiquement les zéros de f (c'est-à-dire les abscisses des points d'intersection de sa courbe avec l'axe des abscisses) :

.... et ....

b. Ensuite, on dresse le tableau de signes de la fonction en y plaçant les zéros :

Valeurs de x	$-\infty$		......		......		$+\infty$
Signe de $f(x)$		......	0	......	0	......	

c. Enfin, on complète ce tableau avec le signe de la fonction sachant que la fonction est positive lorsque sa courbe représentative est au-dessus de l'axe des abscisses et négative lorsque sa courbe représentative est en dessous de l'axe des abscisses.

02. Dresser le tableau de variations de la fonction f dont la courbe représentative est donnée ci-dessous.

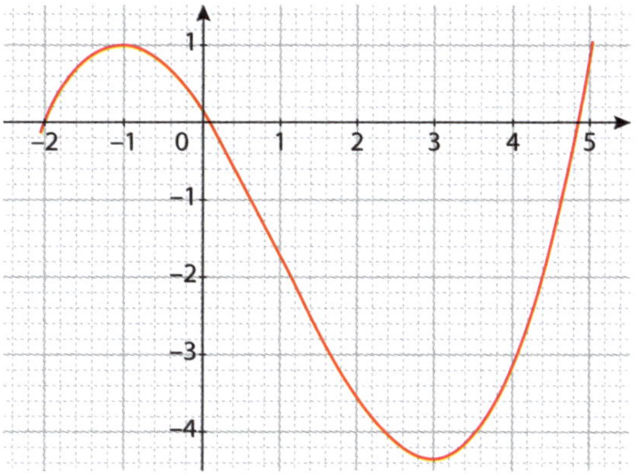

a. On commence par identifier les bornes (éventuellement infinies) de l'ensemble de définition :

.... et ....

b. On détermine ensuite graphiquement les valeurs en lesquelles les extrema de f sont atteints (c'est-à-dire les abscisses des points de maximum et de minimum de la courbe) :

.... et ...., mais aussi les valeurs de ces extrema (c'est-à-dire les ordonnées des points de maximum et de minimum de la courbe) :

.... et ....

c. Ensuite, on dresse le tableau de signes de la fonction en y plaçant ces valeurs (dans les « valeurs de x », toutes les valeurs lues sur l'axe des abscisses et dans les « variations de f », toutes les valeurs lues sur l'axe des ordonnées) :

Valeurs de x	......	......	......	......
Variations de f		......		......
	......		......	

d. Enfin, on complète ce tableau avec les flèches de variation de la fonction.

À VOUS DE JOUER

Pour chacune des fonctions dont on donne la courbe représentative, déterminer son tableau de signes et son tableau de variations.

03.

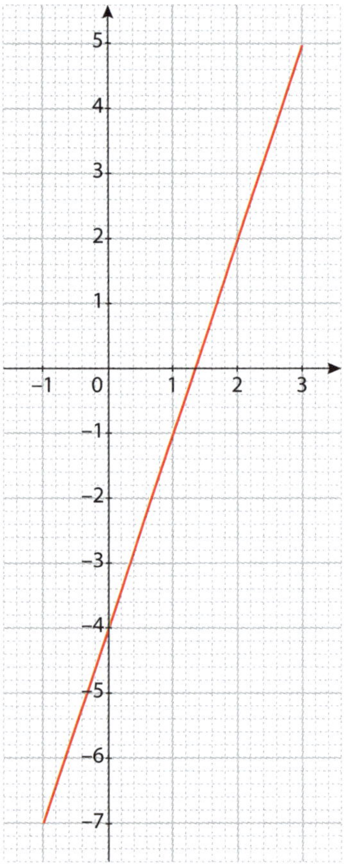

Valeurs de x	
Signe de $f(x)$	

Valeurs de x	
Variations de f	

04.

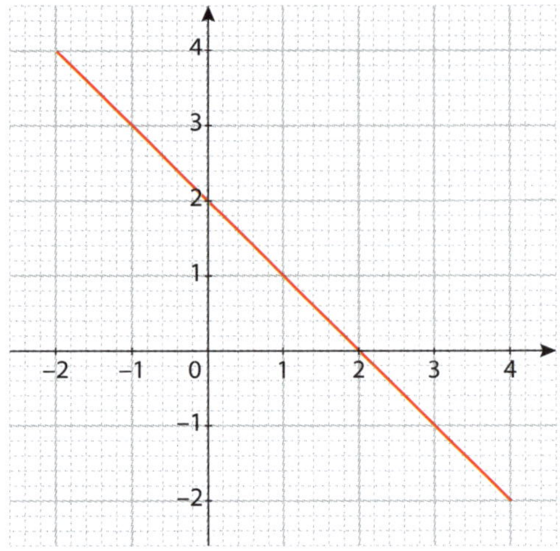

Valeurs de x	
Signe de $f(x)$	

Valeurs de x	
Variations de f	

05.

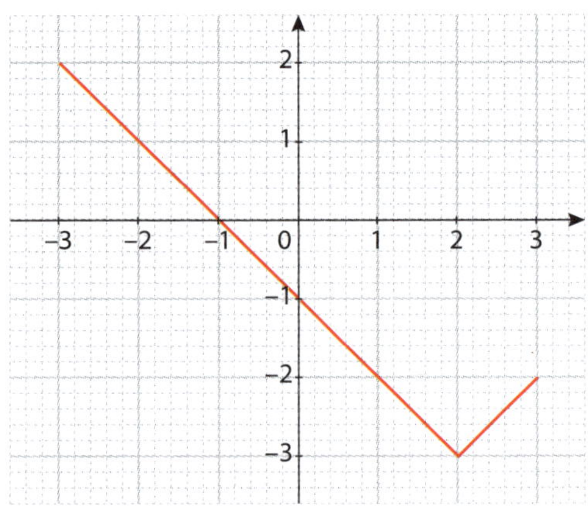

Valeurs de x	
Signe de $f(x)$	

Valeurs de x	
Variations de f	

06.

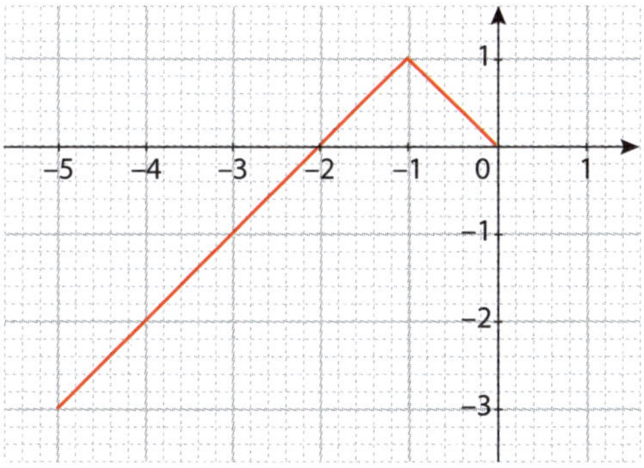

Valeurs de x	
Signe de $f(x)$	

Valeurs de x	
Variations de f	

07.

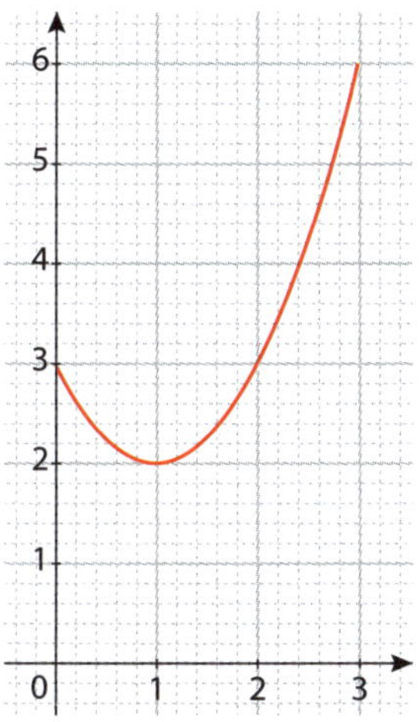

Valeurs de x	
Signe de $f(x)$	

Valeurs de x	
Variations de f	

08.

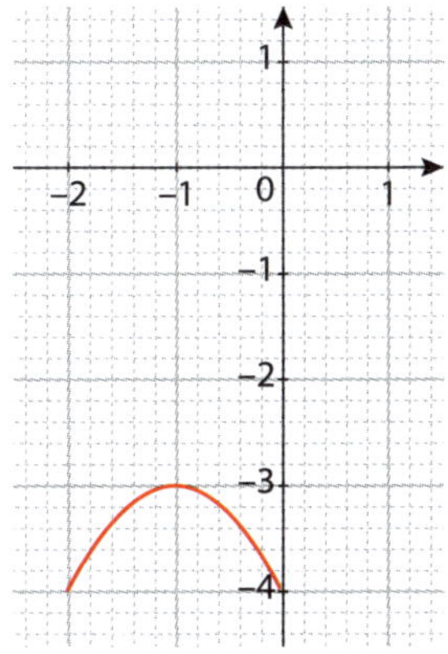

Valeurs de x	
Signe de $f(x)$	

Valeurs de x	
Variations de f	

09.

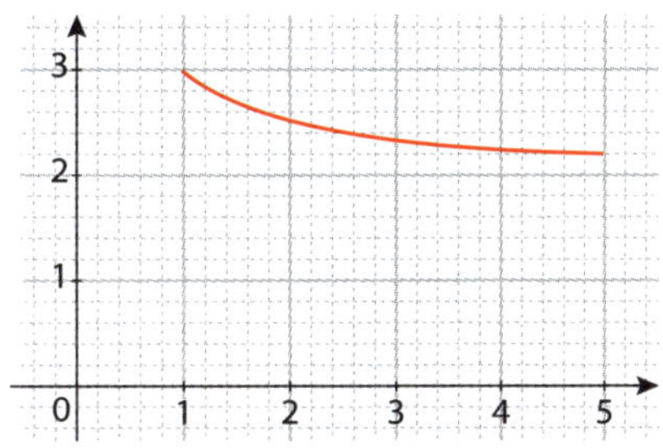

Valeurs de x	
Signe de $f(x)$	

Valeurs de x	
Variations de f	

10.

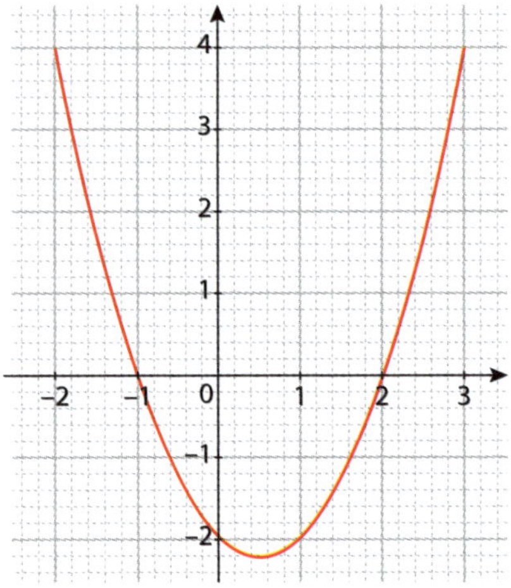

Valeurs de x	
Signe de $f(x)$	

Valeurs de x	
Variations de f	

11.

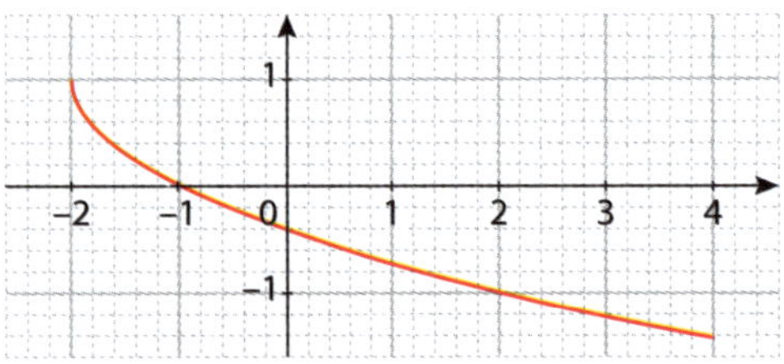

Valeurs de x	
Signe de $f(x)$	

Valeurs de x	
Variations de f	

12.

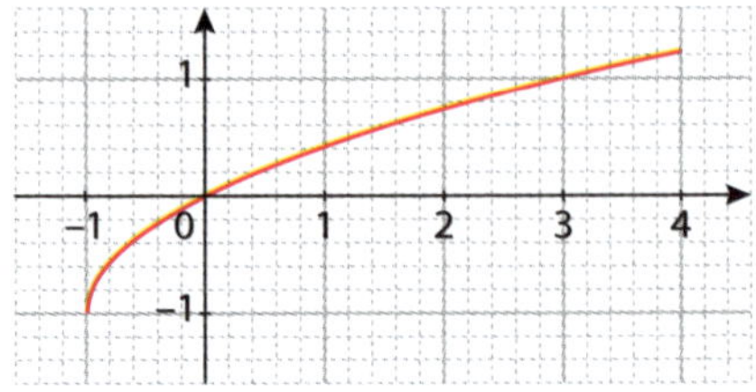

Valeurs de x	
Signe de $f(x)$	

Valeurs de x	
Variations de f	

13.

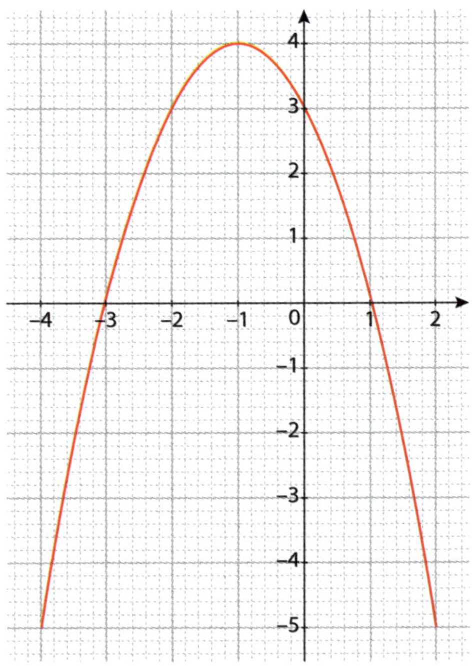

Valeurs de x	
Signe de $f(x)$	

Valeurs de x	
Variations de f	

14.

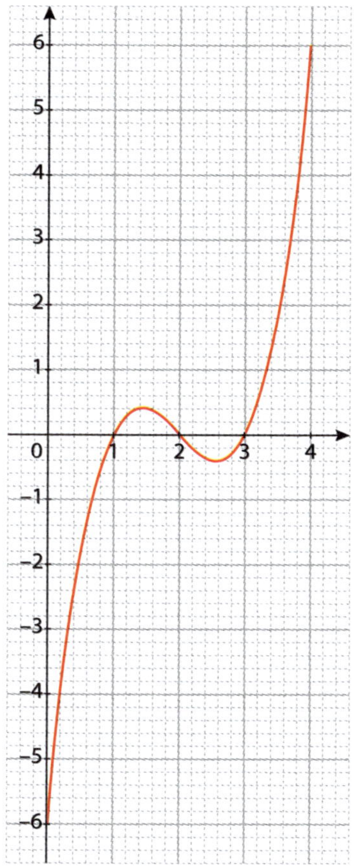

Valeurs de x	
Signe de $f(x)$	

Valeurs de x	
Variations de f	

15.

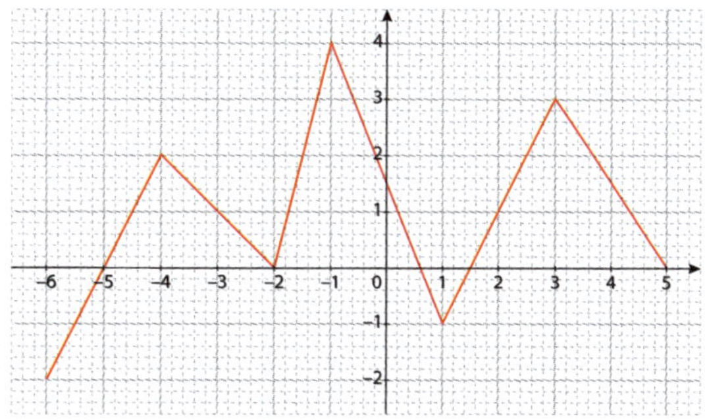

Valeurs de x	
Signe de $f(x)$	

Valeurs de x	
Variations de f	

16.

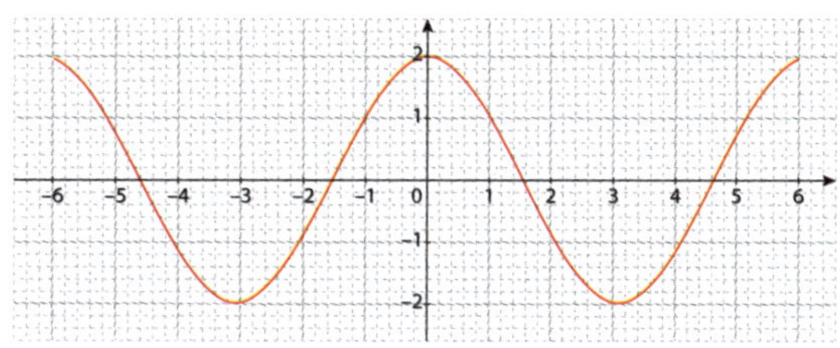

Valeurs de x	
Signe de $f(x)$	

Valeurs de x	
Variations de f	

4 EXPLOITER UNE ÉQUATION DE COURBE (APPARTENANCE D'UN POINT, CALCUL DE COORDONNÉES)

Soit f une fonction définie sur un ensemble D et à valeurs dans $\mathbb{R}$ et $\mathcal{C}$ sa courbe représentative qui a donc pour équation $y=f(x)$.

Soit également $M(x;y)$ un point du plan.

Alors, le point $M\in\mathcal{C}$ ssi $\begin{cases} x\in D \\ y=f(x) \end{cases}$

ASTUCES

- Pour les problèmes d'appartenance d'un point à une courbe, il n'y a que deux réponses possibles : l'appartenance ou la non-appartenance.
- Pour la recherche de l'ordonnée d'un point d'abscisse donnée d'une courbe, il y a une unique solution.
- Pour la recherche de la (des) abscisse(s) d'un point d'ordonnée donnée d'une courbe, il peut y avoir zéro, une unique ou plusieurs (voire une infinité de) solution(s).

PAS À PAS

Dans tout ce qui suit, le plan est muni d'un repère.

01. Le point $M(1;2)$ appartient-il à la courbe d'équation $y=3x^2-4x+5$?

a. On commence par considérer le membre de l'équation de la courbe qui comporte la variable x. On remplace alors x par

l'abscisse de M, qui vaut .... dans ce membre et on effectue le calcul :

$3\times$............$^2-4\times$............$+5=$............

b. On compare ce résultat avec l'ordonnée de

M, qui vaut ....

c. En cas d'égalité, on conclut à l'appartenance et, dans le cas contraire, à la non-appartenance.

Donc, M appartient/n'appartient pas à la courbe d'équation $y=-3x^2+4x-5$. *(rayer la mention inutile)*

02. Déterminer l'ordonnée du point d'abscisse 6 de la courbe d'équation $y=\dfrac{7}{x-8}$.

a. On commence par remplacer la variable x par la valeur de l'abscisse du point donné dans l'énoncé et on effectue le calcul :

$y=\dfrac{7}{\text{......}-8}=$............

b. L'ordonnée du point d'abscisse 6 de la courbe d'équation $y=\dfrac{7}{x-8}$ est donc égale à ....

03. Déterminer l'abscisse du point d'ordonnée 9 de la courbe d'équation $y=10x-11$.

Il s'agit ici de résoudre une équation d'inconnue x.

a. On remplace la variable y par la valeur de de l'ordonnée du point donné dans l'énoncé et on résout l'équation :

.... $= 10x - 11$

......+...... $= 10x - 11 +$ ....

.... $= 10x$

$\dfrac{\text{.........}}{\text{.........}}=\dfrac{10x}{\text{.........}}$

.... $= x$

b. L'abscisse du point d'ordonnée 9 de la courbe d'équation $y=10x-11$ est donc égale à :

....

À VOUS DE JOUER

04. Le point $M(5;0)$ appartient-il à la courbe d'équation $y=7x+4$?

....

....

05. Le point $M(8;27)$ appartient-il à la courbe d'équation $y=4x-5$?

....

....

06. Le point $M(0;1)$ appartient-il à la courbe d'équation $y=6x^2+7x+9$?

....

....

07. Le point $M(-2;3)$ appartient-il à la courbe d'équation $y=7x^2-3x$?

....

....

08. Le point $M(2;2,5)$ appartient-il à la courbe d'équation $y=\frac{5}{x}$?

....

....

09. Le point $M(2;10)$ appartient-il à la courbe d'équation $y=\frac{8x-6}{-4x+9}$?

....

....

10. Déterminer l'ordonnée du point d'abscisse $\frac{1}{9}$ de la courbe d'équation $y=-9x+5$.

....

....

11. Déterminer l'ordonnée du point d'abscisse -2 de la courbe d'équation $y=-x-1$.

....

....

12. Déterminer l'ordonnée du point d'abscisse -1 de la courbe d'équation $y=-8x^2+9x-3$.

....

....

13. Déterminer l'ordonnée du point d'abscisse $\frac{1}{4}$ de la courbe d'équation $y=\frac{9}{8x}$.

....

....

14. Déterminer l'ordonnée du point d'abscisse $\frac{1}{3}$ de la courbe d'équation $y=\frac{-3x+4}{6x-2}$.

....

....

15. Déterminer l'abscisse du point d'ordonnée 0 de la courbe d'équation $y=9x$.

....

....

16. Déterminer l'abscisse du point d'ordonnée -1 de la courbe d'équation $y=6x-6$.

....

....

17. Déterminer l'abscisse du point d'ordonnée 5 de la courbe d'équation $y=9x^2-4$.

....

....

18. Déterminer l'abscisse du point d'ordonnée 8 de la courbe d'équation $y=(3x-2)^2+8$.

....

....

19. Déterminer l'abscisse du point d'ordonnée $\frac{2}{5}$ de la courbe d'équation $y=\frac{1}{7x}$.

....

....

20. Déterminer l'abscisse du point d'ordonnée -3 de la courbe d'équation $y=\frac{9x-4}{-x+5}$.

....

....

5 TRACER UNE DROITE DONNÉE PAR SON ÉQUATION RÉDUITE OU PAR UN POINT ET SON COEFFICIENT DIRECTEUR

Soit $\mathcal{D}$ une droite du plan.

Si elle n'est pas parallèle à l'axe des ordonnées, alors elle admet une équation réduite de la forme $y = ax + b$, où a et b sont deux constantes réelles.

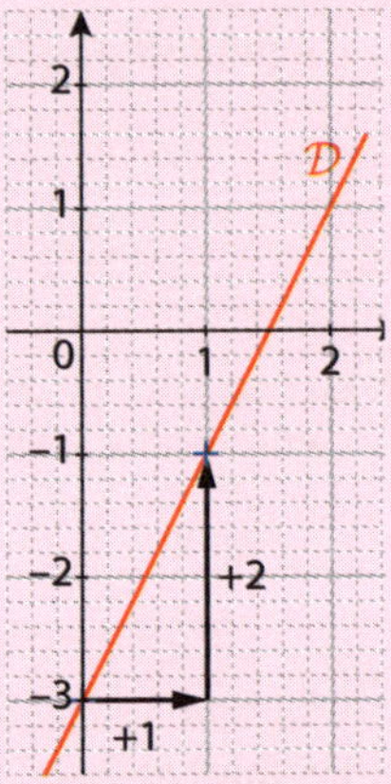

- Pour tracer une telle droite à partir de son équation réduite, on a besoin de deux éléments : la constante b, qui s'appelle **l'ordonnée à l'origine** et qui est la valeur en laquelle la droite coupe l'axe des ordonnées et la constante a, qui s'appelle **le coefficient directeur** et qui est la pente de la droite (autrement dit, en partant d'un point de la droite – généralement le point d'intersection avec l'axe des ordonnées –, on peut obtenir un autre point en avançant d'une unité selon les abscisses et en se déplaçant de a unités selon les ordonnées – vers le haut si a est positif et vers le bas s'il est négatif). Une autre possibilité consiste à **calculer les coordonnées d'un deuxième point** (étant acquis le point d'intersection avec l'axe des ordonnées) au lieu d'utiliser le coefficient directeur.

  Par exemple, nous avons tracé ci-dessus la droite $\mathcal{D}$ d'équation $y = 2x - 3$. Ici, $a = 2$ et $b = -3$. Cette droite coupe donc l'axe des ordonnées en -3 et passe par le point de coordonnées $(1;-1)$ (à partir du point de coordonnées $(0;-3)$, on augmente l'abscisse d'une unité et l'ordonnée de 2 unités). On aurait pu trouver les coordonnées de ce deuxième point directement en remplaçant x par 1 dans l'équation réduite de la droite. On aurait alors trouvé $y = 2\times1-3=-1$.

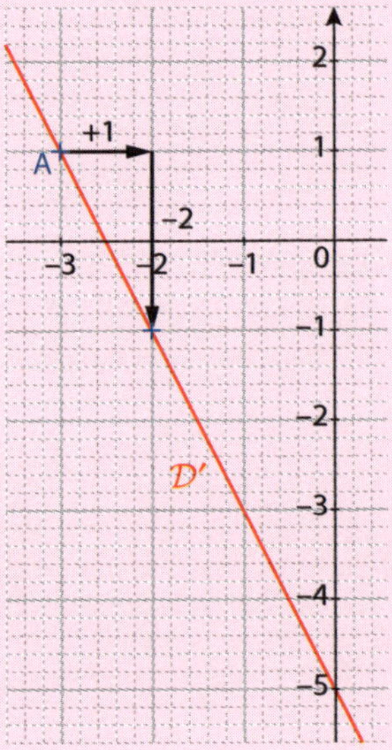

- Pour tracer une telle droite à partir d'un point et de son coefficient directeur, on commence par placer le point en question. Ensuite, on exploite la donnée du coefficient directeur de la même manière que précédemment.

  Par exemple, nous avons tracé ci-contre la droite $\mathcal{D}'$ passant par le point $A(-3;1)$ et de coefficient directeur -2. Elle passe donc par le point de coordonnées $(-2;-1)$ (à partir du point A, on augmente l'abscisse d'une unité et l'ordonnée de -2 unités).

ASTUCE

- Une droite parallèle à l'axe des ordonnées n'admet pas de coefficient directeur. On ne peut donc la tracer qu'à partir de son équation réduite.
- Si la pente de la droite est exprimée sous la forme d'une fraction $\frac{p}{q}$, alors au lieu d'avancer d'une unité selon les abscisses, il peut être plus opportun d'avancer de q unités, auquel cas il faudra se déplacer de p unités selon les ordonnées. Cela permet d'avoir un tracé plus précis.

  Par exemple, si la pente d'une droite est égale à $\frac{2}{3}$, soit on peut avancer d'une unité en abscisse et se déplacer de deux-tiers d'unité en ordonnée, soit on peut avancer de **3** unités en abscisse et se déplacer de **2** unités en ordonnées.

PAS À PAS

Dans tout ce qui suit, le plan est muni d'un repère.

01. Tracer la droite $\mathcal{D}$ d'équation $y = 3x - 4$.

a. L'ordonnée à l'origine est ici égale à :

…………

b. On place alors le point correspondant à cette ordonnée à l'origine sur le graphe.

c. On calcule les coordonnées d'un deuxième point à partir de l'équation :

…………

d. On place ce point et on peut alors tracer la droite.

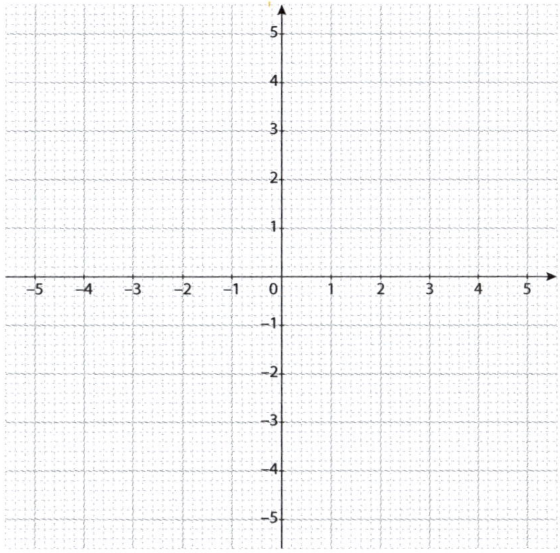

02. Tracer la droite $\mathcal{D}$ passant par le point $A(2;-3)$ et de coefficient directeur -1.

a. On commence par placer le point *A*.

b. La pente est ici égale à :

…………

c. À partir du point tracé précédemment, on se décale donc d'une unité en abscisse et on monte/descend (*rayer la mention inutile*) de :

………… unité en ordonnée.

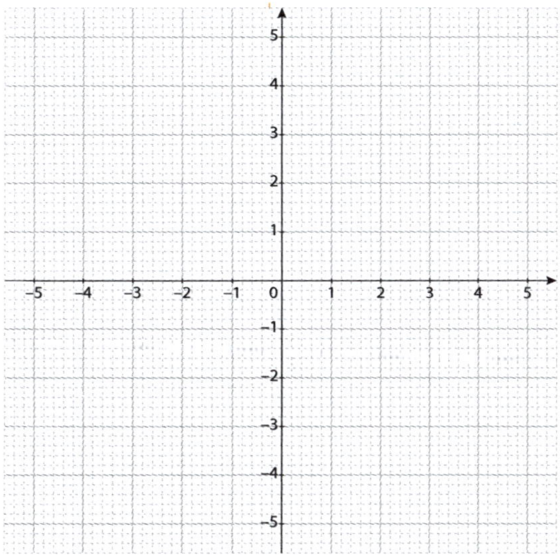

À VOUS DE JOUER

03. Tracer la droite $\mathcal{D}_1$ d'équation $y = 3x + 4$.

04. Tracer la droite $\mathcal{D}_2$ d'équation $y = 2x - 1$.

05. Tracer la droite $\mathcal{D}_3$ d'équation $y = -\frac{3}{2}x + 2$.

06. Tracer la droite $\mathcal{D}_4$ d'équation $y = -x - 2$.

07. Tracer la droite $\mathcal{D}_5$ d'équation $y = \frac{4}{3}x - 7$.

08. Tracer la droite $\mathcal{D}_6$ d'équation $y = -\frac{1}{7}x + 2$.

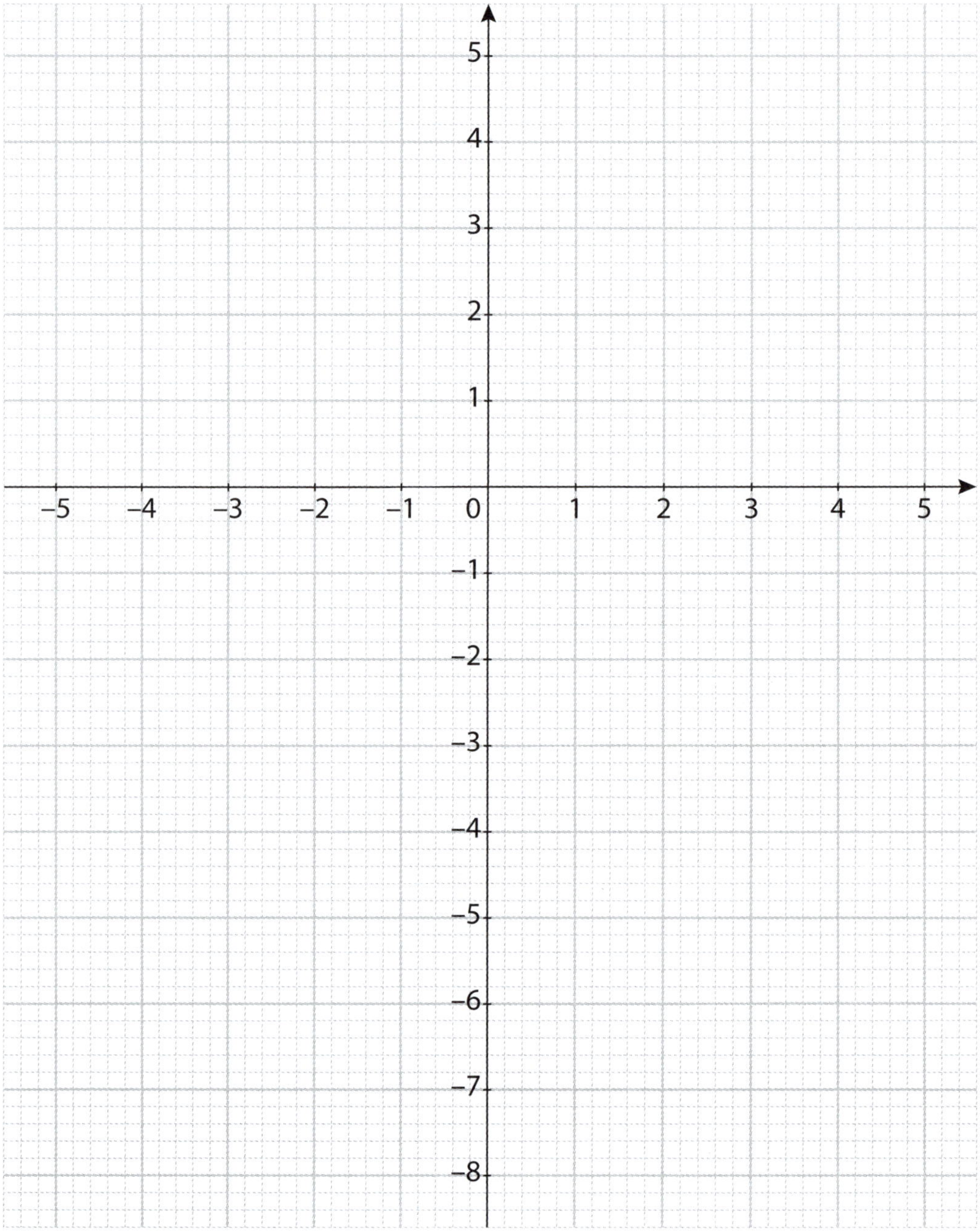

09. Tracer la droite $\mathcal{D}_7$ d'équation $y = -\frac{7}{4}x - \frac{5}{2}$.

10. Tracer la droite $\mathcal{D}_8$ d'équation $y = x$.

11. Tracer la droite $\mathcal{D}_9$ d'équation $y = 3{,}5$.

12. Tracer la droite $\mathcal{D}_{10}$ d'équation $y = 0$.

13. Tracer la droite $\mathcal{D}_{11}$ passant par le point $A(3;1)$ et de coefficient directeur 4.

14. Tracer la droite $\mathcal{D}_{12}$ passant par le point $A(2;-5)$ et de coefficient directeur 5.

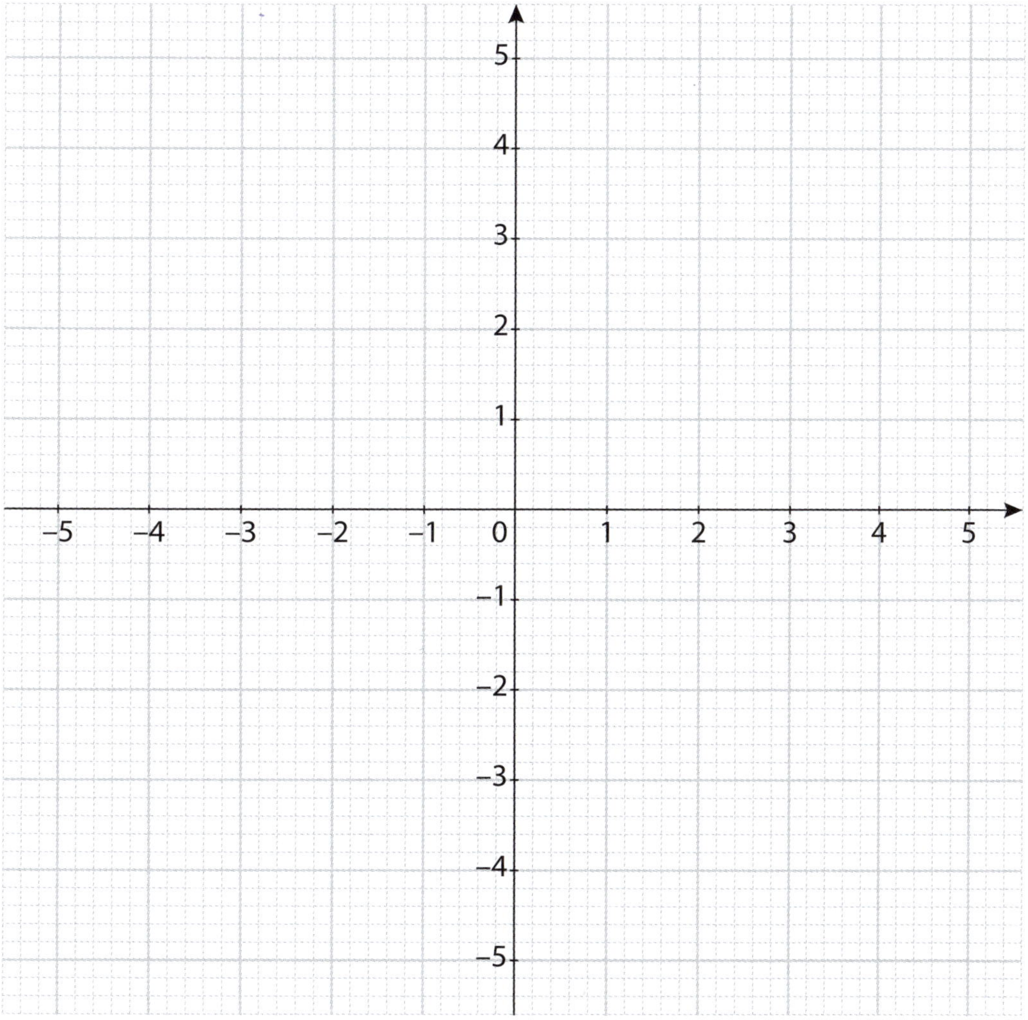

15. Tracer la droite $\mathcal{D}_{13}$ passant par le point $A(-1;4)$ et de coefficient directeur -2.

16. Tracer la droite $\mathcal{D}_{14}$ passant par le point $A(-2;-3)$ et de coefficient directeur $-\dfrac{1}{2}$.

17. Tracer la droite $\mathcal{D}_{15}$ passant par le point $A\left(\dfrac{1}{2};-2\right)$ et de coefficient directeur $\dfrac{2}{3}$.

18. Tracer la droite $\mathcal{D}_{16}$ passant par le point $A\left(-\dfrac{3}{2};\dfrac{1}{2}\right)$ et de coefficient directeur $-\dfrac{2}{5}$.

19. Tracer la droite $\mathcal{D}_{17}$ passant par le point $A(4;1)$ et de coefficient directeur 0.

20. Tracer la droite $\mathcal{D}_{18}$ passant par le point $A(0;0)$ et de coefficient directeur 3.

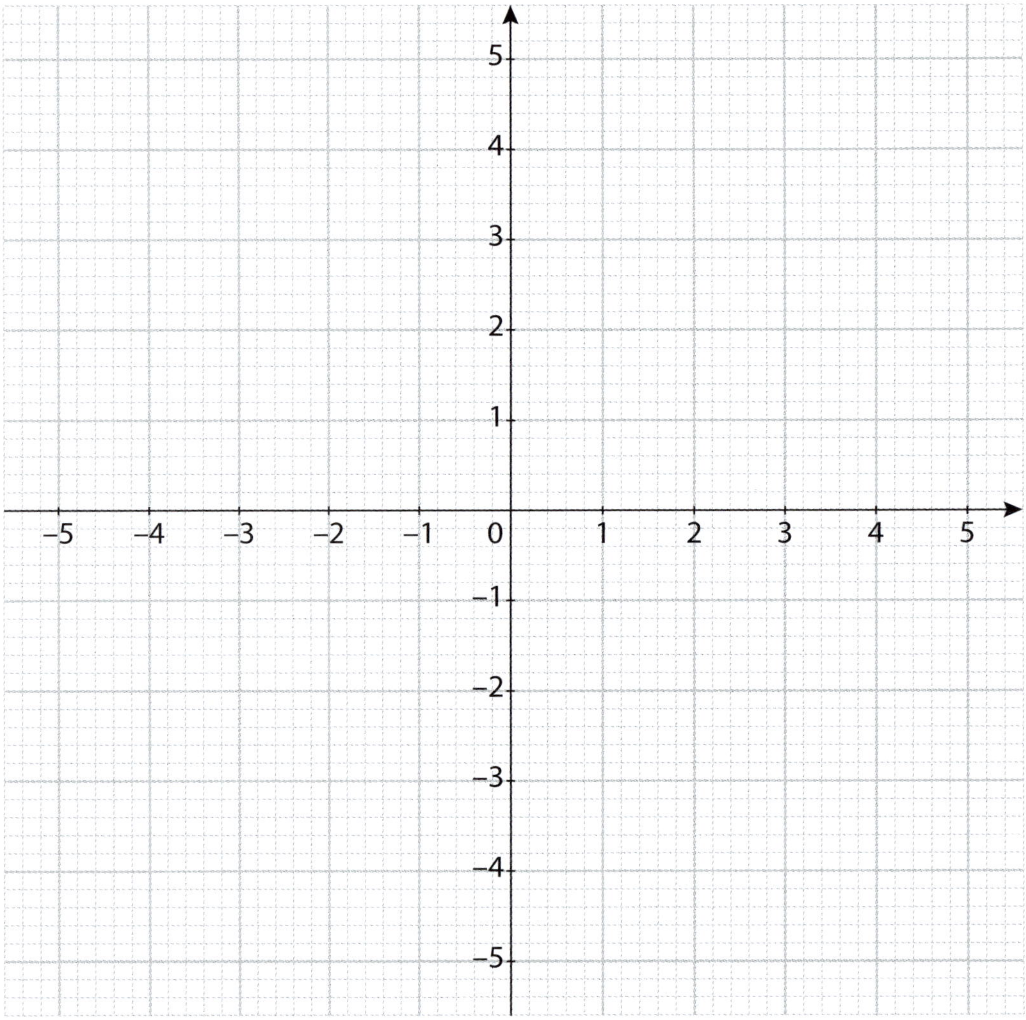

6 LIRE GRAPHIQUEMENT L'ÉQUATION RÉDUITE D'UNE DROITE

Toute droite non parallèle à l'axe des ordonnées admet une équation réduite de la forme $y = ax + b$, où a et b sont deux constantes réelles.

– **Pour déterminer *a***, on peut le lire graphiquement en se plaçant sur n'importe quel point (bien choisi) de cette droite et en avançant d'une unité en abscisse. On détermine alors le déplacement selon l'axe des ordonnées qui est égal à a (en faisant attention à son signe qui est positif si on se déplace dans le sens des ordonnées croissantes et négatif si on se déplace dans le sens des ordonnées décroissantes).

  On peut également se placer sur n'importe quel point (bien choisi) de la droite et avancer cette fois de p unités en abscisse. On détermine ensuite le déplacement de q unités selon l'axe des ordonnées. Alors, a est égal à $\frac{p}{q}$.

– **Pour déterminer *b***, on le lit graphiquement comme étant la valeur en laquelle la droite coupe l'axe des ordonnées.

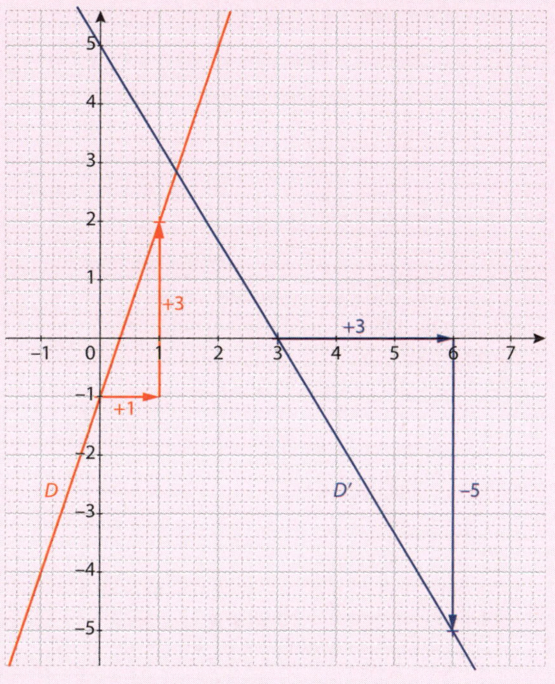

Par exemple, sur le graphique ci-contre :

– la droite $\mathcal{D}$ n'est pas parallèle à l'axe des ordonnées. Elle a donc une équation réduite de la forme $y = ax + b$, où a et b sont deux constantes réelles.

  Graphiquement, on lit qu'elle a une pente égale à 3 et une ordonnée à l'origine égale à −1.

  $\mathcal{D}$ a donc pour équation réduite $y = 3x - 1$;

– la droite $\mathcal{D}'$ n'est pas parallèle à l'axe des ordonnées. Elle a donc une équation réduite de la forme $y = a'x + b'$, où a' et b' sont deux constantes réelles.

  Graphiquement, on lit qu'elle a une pente égale à $\frac{-5}{3}$ et une ordonnée à l'origine égale à 5.

  $\mathcal{D}'$ a donc pour équation réduite $y = -\frac{5}{3}x + 5$.

ASTUCE

- Pour obtenir le meilleur résultat possible, on choisira autant que possible des points à coordonnées entières (ou au moins des points se trouvant sur le quadrillage principal ou secondaire).
- Lorsqu'une droite est parallèle à l'axe des abscisses, sa pente est nulle et elle a donc une équation de la forme $y = C$, où C est une constante réelle.

PAS À PAS

Dans tout ce qui suit, le plan est muni d'un repère.

01. Déterminer l'équation de la droite tracée ci-dessous :

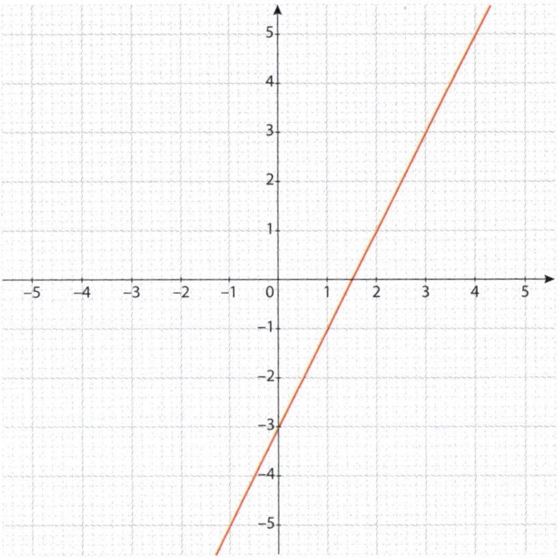

Ici, la droite n'est pas parallèle à l'axe des ordonnées. Elle a donc une équation de la forme $y = ax + b$.

a. Elle coupe l'axe des ordonnées en :

....

b. On en déduit que :

$b =$ ....

c. Partant du point d'intersection de la droite et de l'axe des ordonnées, on se décale d'une unité en abscisse. On se décale alors

de .... unités en ordonnées vers le haut.

d. On en déduit que :

$a =$ ....

e. Elle a donc pour équation :

....

02. Déterminer l'équation de la droite tracée ci-dessous :

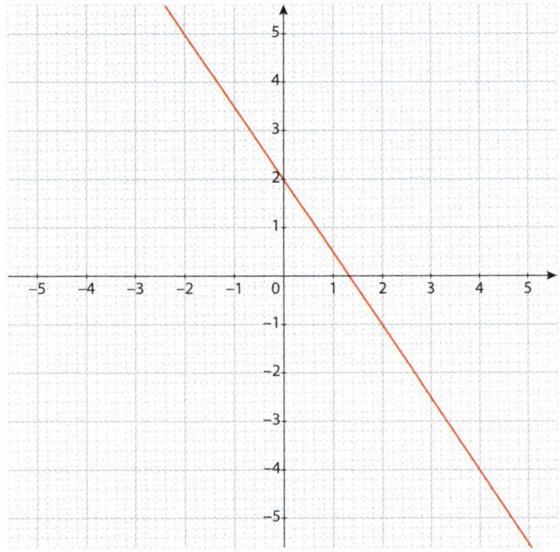

Ici, la droite n'est pas parallèle à l'axe des ordonnées. Elle a donc une équation de la forme $y = ax + b$.

a. Elle coupe l'axe des ordonnées en :

....

b. On en déduit que :

$b =$ ....

c. Partant du point d'intersection de la droite et de l'axe des ordonnées, on se décale de

.... unités en abscisse. On se décale

alors de .... unités en ordonnées vers le bas.

d. On en déduit que :

$a = \frac{\ldots\ldots}{\ldots\ldots}$

e. Elle a donc pour équation :

....

À VOUS DE JOUER

Pour chacune des droites tracées ci-après, déterminer son équation réduite.

03.

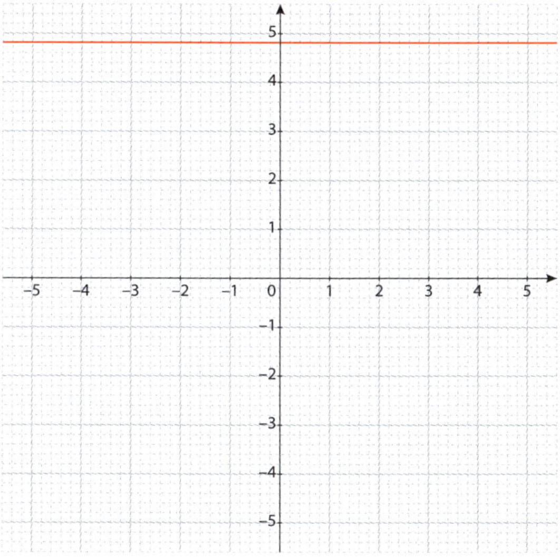

05.

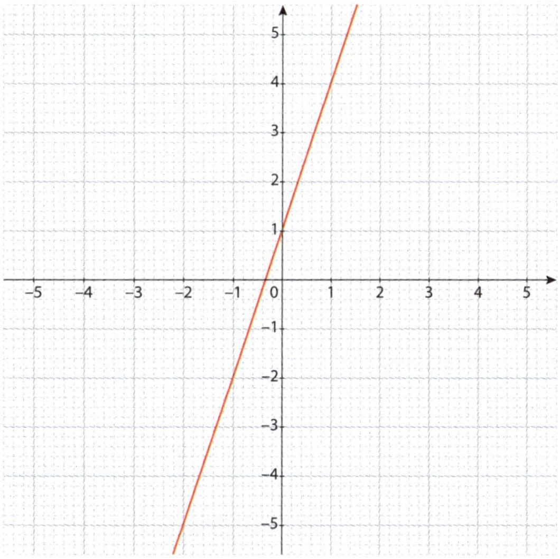

04.

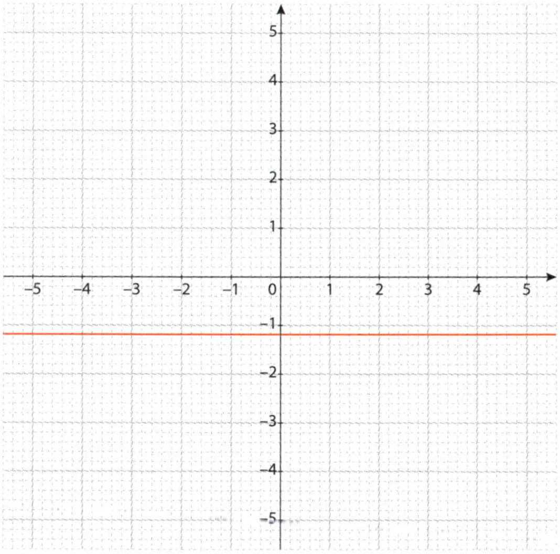

06.

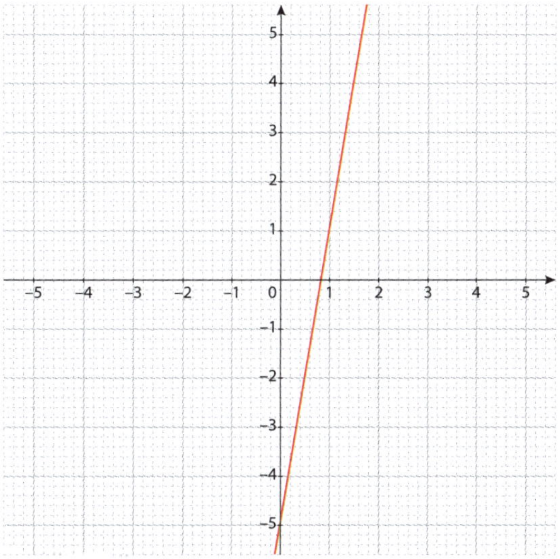

07.

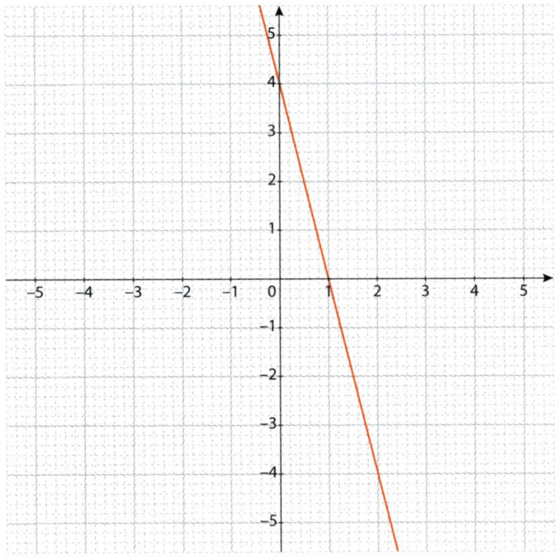

08.

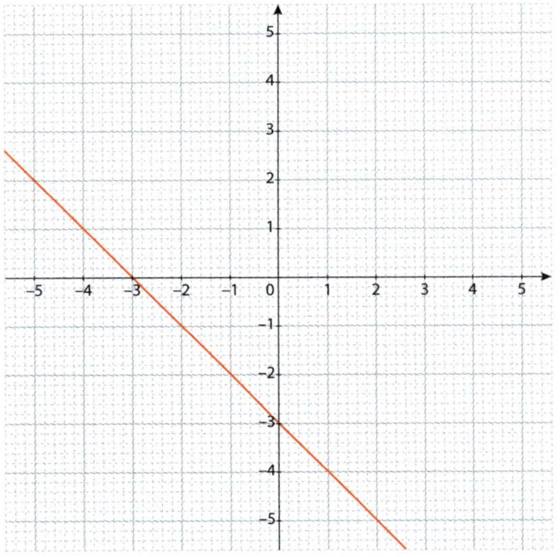

09.

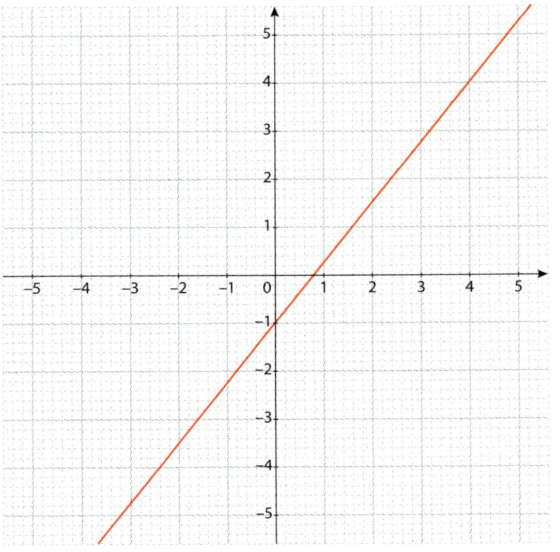

10.

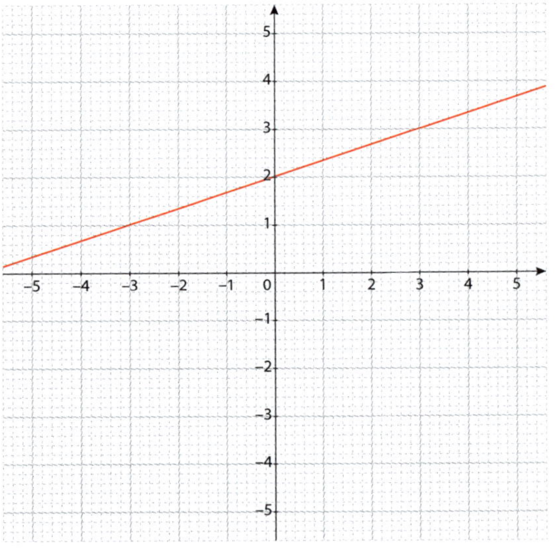

11.

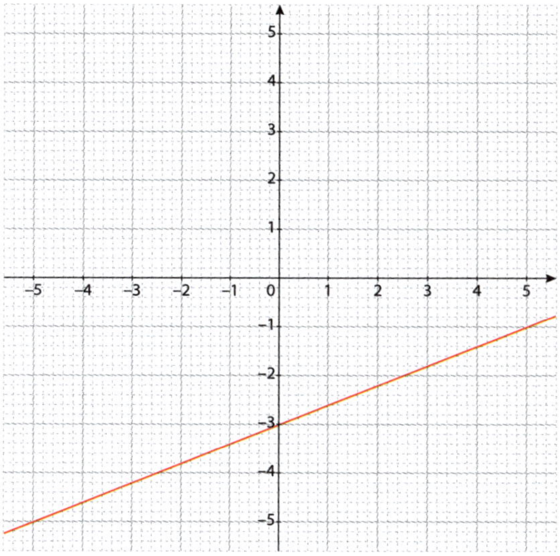

....

....

12.

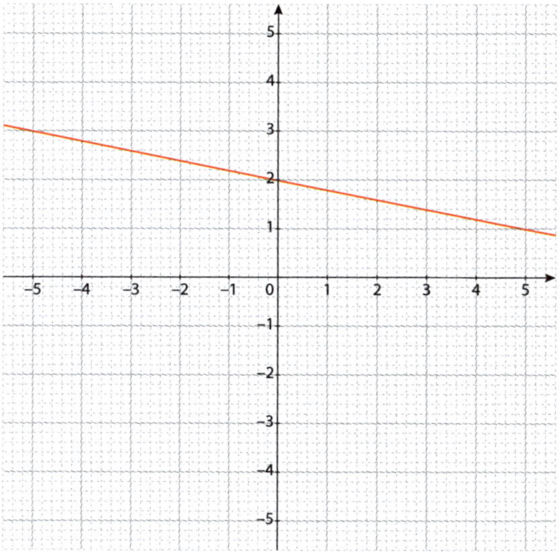

....

....

13.

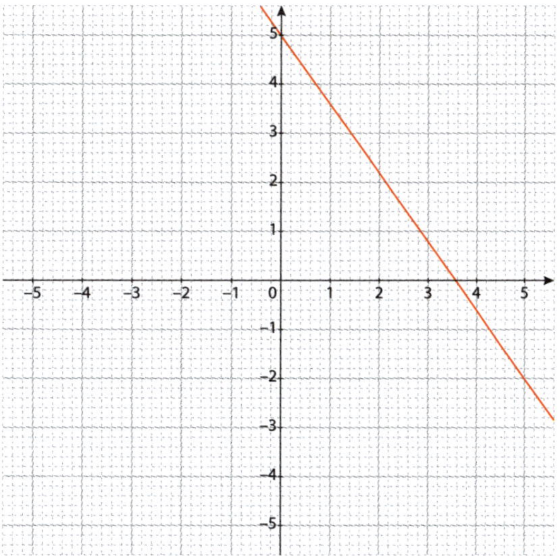

....

....

14.

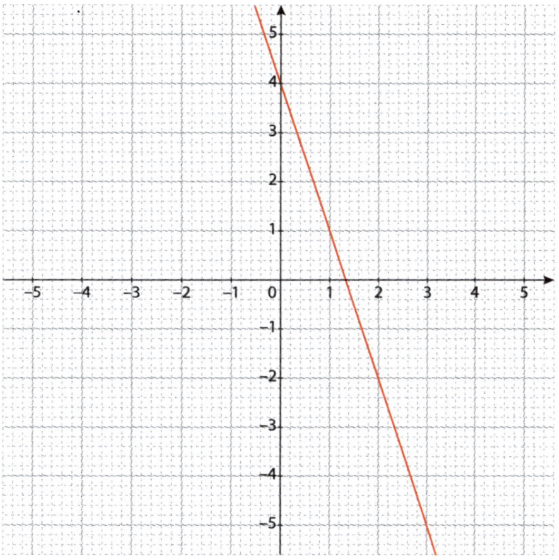

....

....

15.

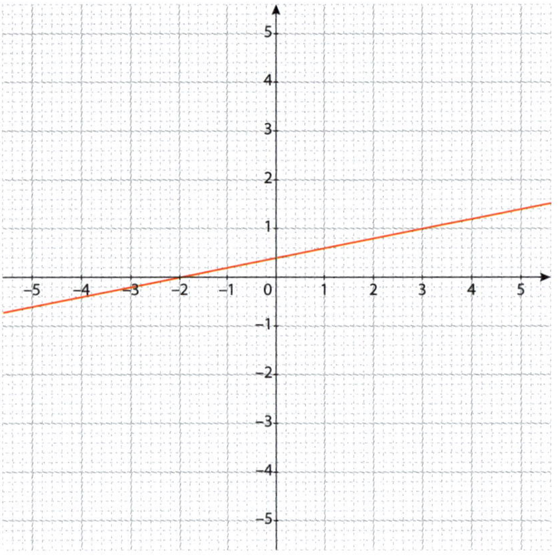

……………………………………………………………

……………………………………………………………

……………………………………………………………

……………………………………………………………

16.

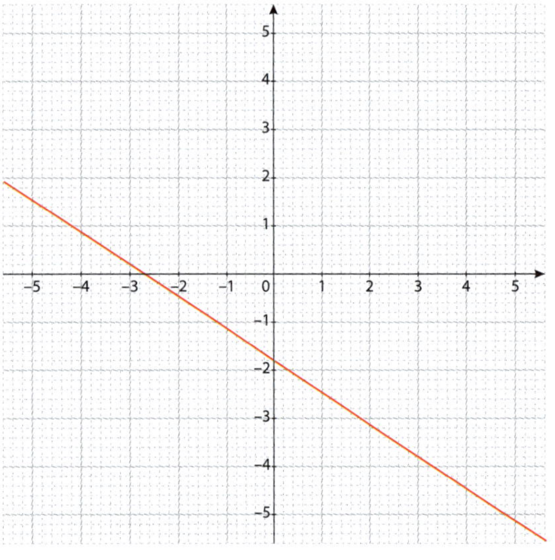

……………………………………………………………

……………………………………………………………

……………………………………………………………

……………………………………………………………

17.

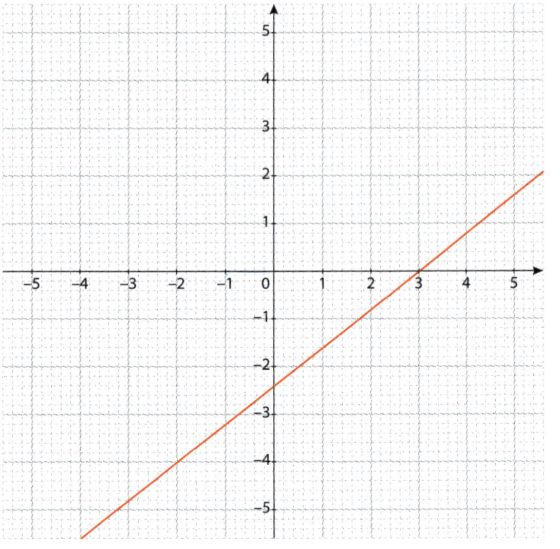

……………………………………………………………

……………………………………………………………

……………………………………………………………

……………………………………………………………

7 DÉTERMINER L'ÉQUATION RÉDUITE D'UNE DROITE À PARTIR DES COORDONNÉES DE DEUX DE SES POINTS

Dans tout ce qui suit, le plan est muni d'un repère.

Toute droite non parallèle à l'axe des ordonnées admet une équation réduite de la forme $y = ax + b$, où a et b sont deux constantes réelles.

– Pour déterminer a, on choisit deux points A et B de cette droite dont on lit les coordonnées $(x_A ; y_A)$ et $(x_B ; y_B)$ respectivement.

Alors, $a = \dfrac{y_B - y_A}{x_B - x_A} = \dfrac{y_A - y_B}{x_A - x_B} \left(= \dfrac{\text{différence des ordonnées}}{\text{différence des abscisses}} \right)$.

– Pour déterminer b, on choisit un point M_0 de coordonnées $(x_0 ; y_0)$ de la droite et on utilise le fait que, comme M_0 appartient à la droite, ses coordonnées vérifient son équation et donc $y_0 = ax_0 + b$, si bien que $b = y_0 - ax_0$ (ce qui nécessite donc d'avoir calculé a au préalable).

PAS À PAS

01. Soit $A(4;5)$ et $B(7;6)$. Déterminer l'équation de la droite (AB).

a. On commence par comparer les abscisses

des points A et B. Ici, $x_A =$ ....

et $x_B =$ .... Donc, elles sont/ne sont pas *(rayer la mention inutile)* égales.

b. Par conséquent, la droite (AB) admet une équation réduite de la forme $y = ax + b$, où a et b sont deux constantes réelles.

c. On calcule d'abord a : $a = \dfrac{\ldots\ldots - \ldots\ldots}{\ldots\ldots - \ldots\ldots} = \dfrac{1}{3}$.

d. On en déduit que la droite (AB) a pour équation $y = \dfrac{1}{3}x + b$.

On calcule ensuite b : on remplace les variables x et y de l'équation de la droite (AB) par les coordonnées du point A (par exemple, mais on pourrait aussi bien prendre celles du point B).

On a donc : .... $= \dfrac{1}{3} \times$ .... $+ b$.

e. On obtient alors une équation d'inconnue b que l'on résout.

On trouve : $b =$ .... $-\dfrac{1}{3} \times$ ....

$=$ ....

f. Finalement, la droite (AB) a pour équation : ....

À VOUS DE JOUER

02. Soit $A(8;6)$ et $B(9;7)$. Déterminer l'équation de la droite (AB).

....

....

03. Soit $A(-7;7)$ et $B(3;7)$. Déterminer l'équation de la droite (AB).

....

....

04. Soit $A(3;1)$ et $B(0;-7)$. Déterminer l'équation de la droite (AB).

....

....

05. Soit $A(-3;0)$ et $B(1;0)$. Déterminer l'équation de la droite (AB).

....

....

06. Soit $A(8;0)$ et $B(-8;9)$. Déterminer l'équation de la droite (AB).

....

....

07. Soit $A(3;1)$ et $B(-5;-5)$. Déterminer l'équation de la droite (AB).

....

....

08. Soit $A(-9;2)$ et $B(9;6)$. Déterminer l'équation de la droite (AB).

....

....

09. Soit $A(3;6)$ et $B(5;9)$. Déterminer l'équation de la droite (AB).

....

....

10. Soit $A(-6;8)$ et $B(-1;8)$. Déterminer l'équation de la droite (AB).

....

....

11. Soit $A(-7;-4)$ et $B(-1;-9)$. Déterminer l'équation de la droite (AB).

....

....

12. Soit $A(2;4)$ et $B(-8;2)$. Déterminer l'équation de la droite (AB).

....

....

13. Soit $A(6;-3)$ et $B(8;9)$. Déterminer l'équation de la droite (AB).

....

....

14. Soit $A(3;-1)$ et $B(2;7)$. Déterminer l'équation de la droite (AB).

....

....

15. Soit $A(8;0)$ et $B(-3;-3)$. Déterminer l'équation de la droite (AB).

....

....

16. Soit $A\left(\frac{4}{7};-1\right)$ et $B(0;7)$. Déterminer l'équation de la droite (AB).

....

....

17. Soit $A\left(\frac{3}{4};\frac{1}{4}\right)$ et $B(-5;5)$. Déterminer l'équation de la droite (AB).

....

....

8 DÉTERMINER GRAPHIQUEMENT LE COEFFICIENT DIRECTEUR D'UNE TANGENTE À UNE COURBE

Dans tout ce qui suit, le plan est muni d'un repère.

- Soit f une fonction définie sur un ensemble $\mathcal{D}$. On note $\mathcal{C}$ sa courbe représentative.
  Soit également A un point de $\mathcal{C}$.
  On appelle **tangente** à la courbe $\mathcal{C}$ en A la droite ayant uniquement le point A (localement) comme point d'intersection avec la courbe $\mathcal{C}$.
- On distingue alors deux cas :
  – si la tangente est parallèle à l'axe des abscisses, son coefficient directeur est égal à 0 ;
  – sinon, en se plaçant en A et en avançant d'une unité en abscisse, on détermine le déplacement selon l'axe des ordonnées qui est égal à a (en faisant attention à son signe qui est positif si on se déplace dans le sens des ordonnées croissantes et négatif si on se déplace dans le sens des ordonnées décroissantes).
  On peut également, toujours en se plaçant en A, avancer cette fois de p unités en abscisse. On détermine ensuite le déplacement de q unités selon l'axe des ordonnées. Alors, a est égal à $\frac{p}{q}$.
- Soit f une fonction définie sur un ensemble $\mathcal{D}$. On note $\mathcal{C}$ sa courbe représentative.
  Soit également A le point d'abscisse a de $\mathcal{C}$. Si f est dérivable en a, alors la tangente à $\mathcal{C}$ en A a pour pente $f'(a)$. Autrement dit, déterminer graphiquement le coefficient directeur d'une tangente à une courbe revient à déterminer la valeur d'un nombre dérivé (si cette tangente n'est pas parallèle à l'axe des ordonnées).

ASTUCE
La tangente ne peut pas être ici parallèle à l'axe des ordonnées car une droite parallèle à l'axe des ordonnées n'admet pas de coefficient directeur.

PAS À PAS

01. Déterminer graphiquement le coefficient directeur de la tangente à la courbe représentative donnée ci-dessous en A.

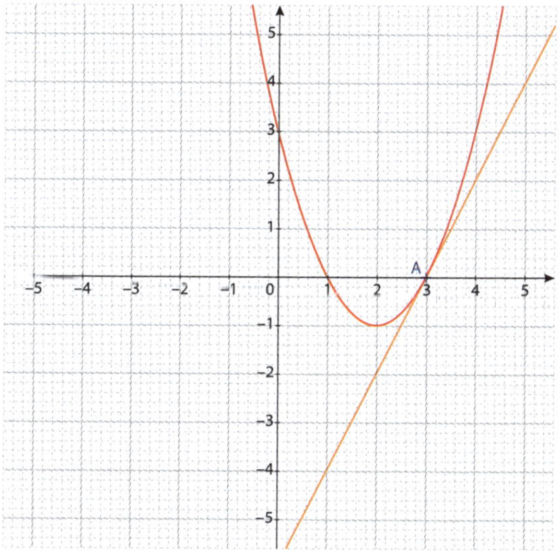

a. Partant du point A, on se décale d'une unité en abscisse.

On se décale alors de .... unités en ordonnées vers le haut.

b. On en déduit que le coefficient directeur de la tangente à la courbe en A est égal à

....

02. Déterminer graphiquement le coefficient directeur de la tangente à la courbe représentative donnée ci-dessous en *A*.

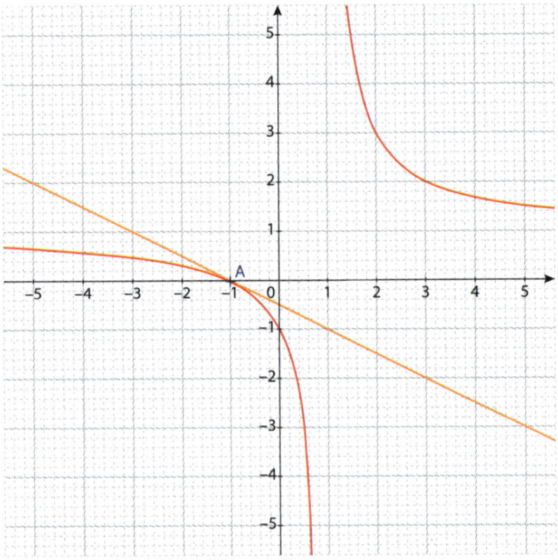

a. Partant du point *A*, on se décale de .... unités en abscisse. On se décale alors de .... unités en ordonnées vers le bas.

b. On en déduit que le coefficient directeur de la tangente à la courbe en *A* est égal à

$-\dfrac{\ldots\ldots}{\ldots\ldots}$

03. Déterminer graphiquement le coefficient directeur de la tangente à la courbe représentative donnée ci-dessous en *A*.

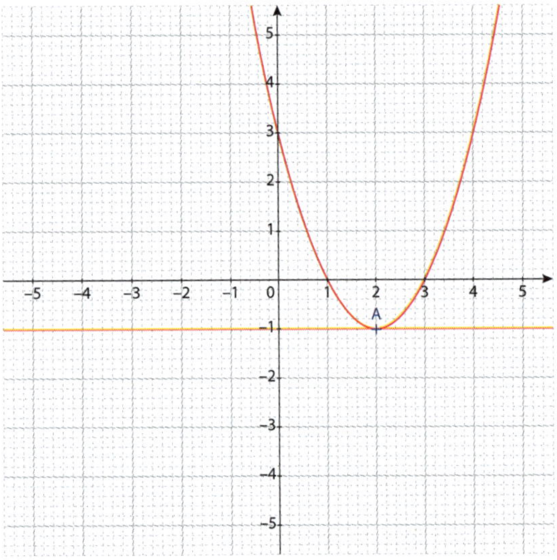

Ici, la tangente est parallèle à l'axe des abscisses.

On en déduit que le coefficient directeur de la tangente à la courbe en *A* est égal à :

....

À VOUS DE JOUER

04. Soit *f* une fonction dont on donne sa courbe représentative. Déterminer graphiquement le coefficient directeur de la tangente à $\mathcal{C}_f$ en *A*.

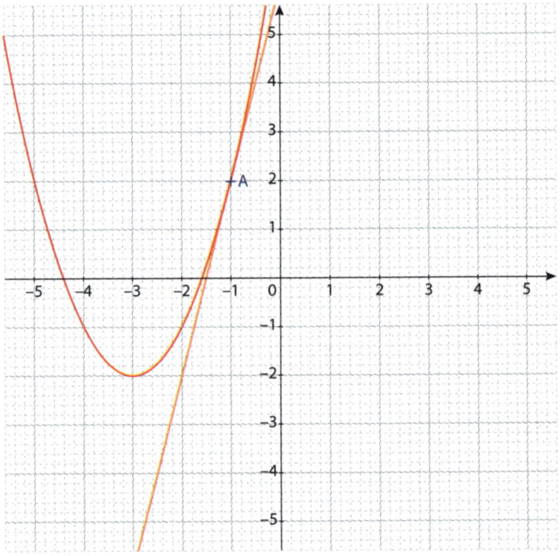

....

....

....

....

05. Soit f une fonction dont on donne sa courbe représentative. Déterminer graphiquement $f'(-4)$.

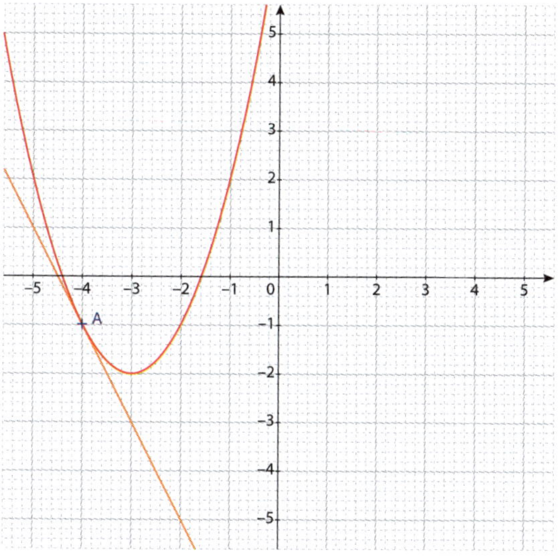

....

....

06. Soit f une fonction dont on donne sa courbe représentative. Déterminer graphiquement le coefficient directeur de la tangente à $\mathcal{C}_f$ en A.

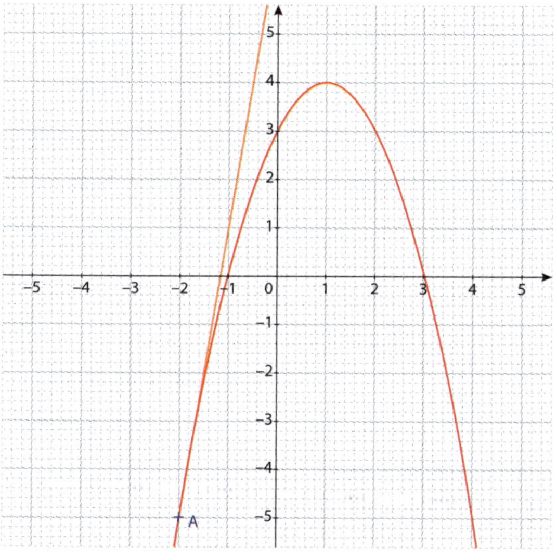

....

....

07. Soit f une fonction dont on donne sa courbe représentative. Déterminer graphiquement $f'(2)$.

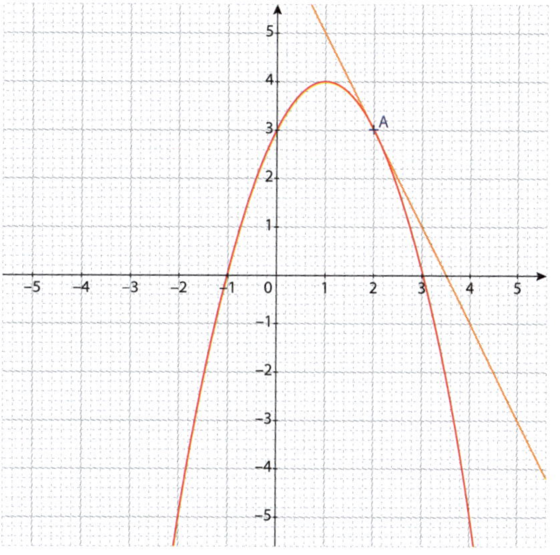

....

....

08. Soit f une fonction dont on donne sa courbe représentative. Déterminer graphiquement le coefficient directeur de la tangente à $\mathcal{C}_f$ en A.

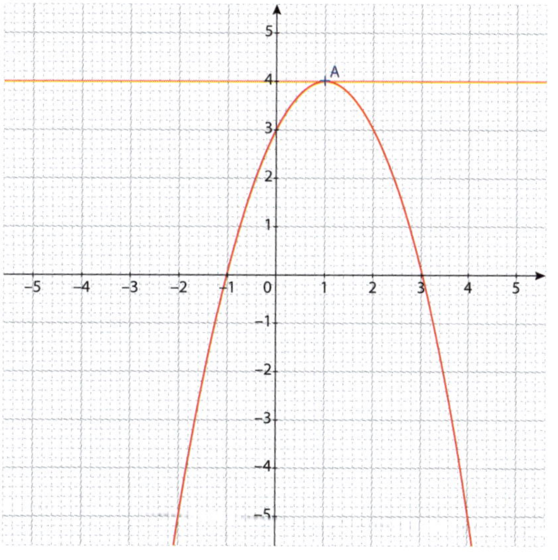

....

....

09. Soit f une fonction dont on donne sa courbe représentative. Déterminer graphiquement $f'(3)$.

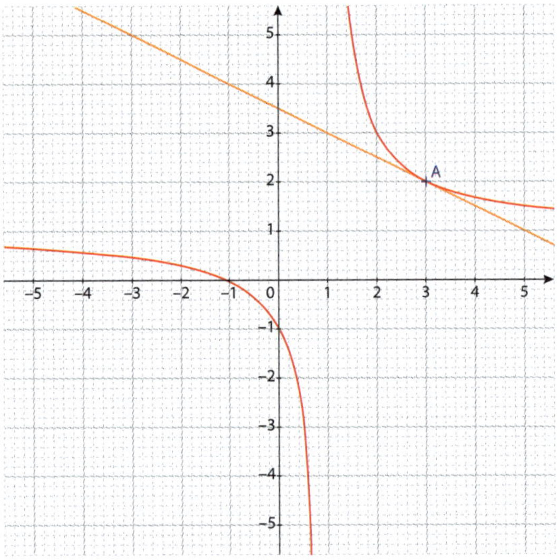

....

....

10. Soit f une fonction dont on donne sa courbe représentative. Déterminer graphiquement le coefficient directeur de la tangente à $\mathcal{C}_f$ en A.

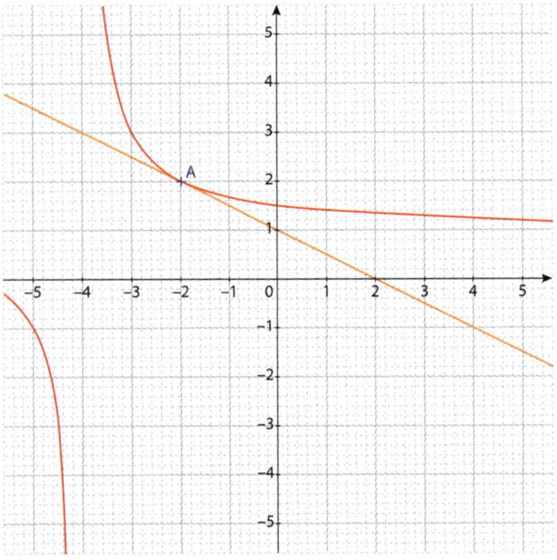

....

....

11. Soit f une fonction dont on donne sa courbe représentative. Déterminer graphiquement $f'(2)$.

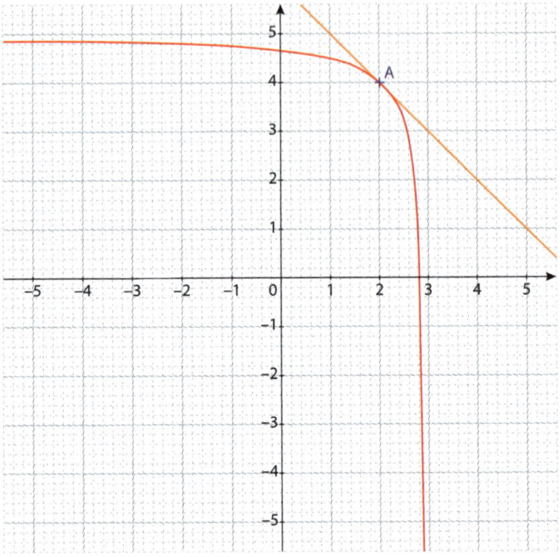

....

....

12. Soit f une fonction dont on donne sa courbe représentative. Déterminer graphiquement le coefficient directeur de la tangente à $\mathcal{C}_f$ en A.

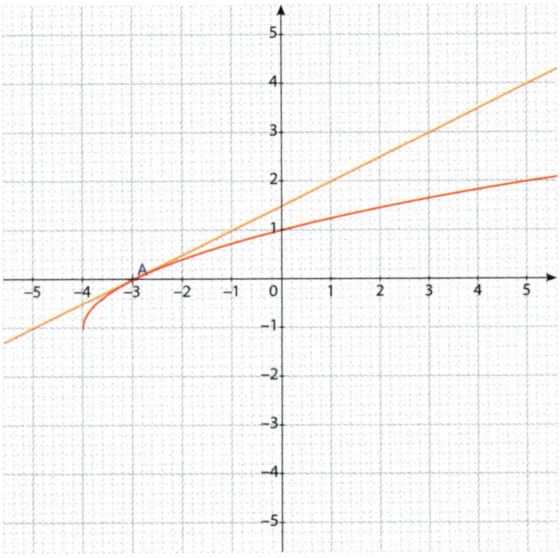

....

....

13. Soit f une fonction dont on donne sa courbe représentative. Déterminer graphiquement $f'(0)$.

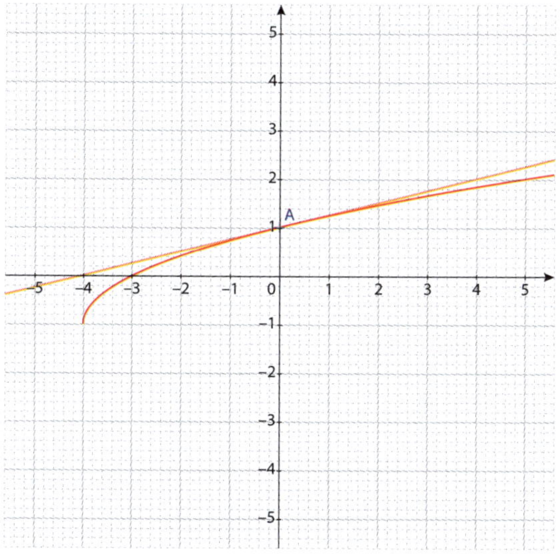

....

....

14. Soit f une fonction dont on donne sa courbe représentative. Déterminer graphiquement le coefficient directeur de la tangente à $\mathcal{C}_f$ en A.

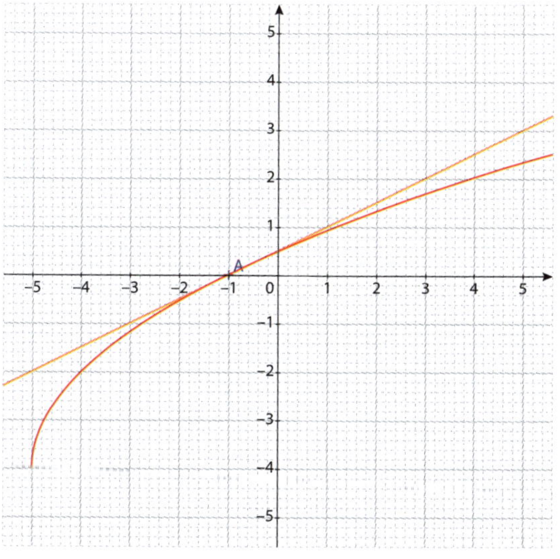

....

....

15. Soit f une fonction dont on donne sa courbe représentative. Déterminer graphiquement $f'(-3)$.

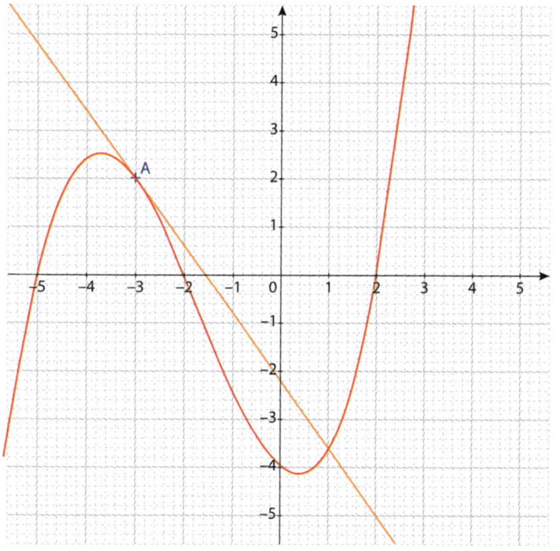

....

....

16. Soit f une fonction dont on donne sa courbe représentative. Déterminer graphiquement le coefficient directeur de la tangente à $\mathcal{C}_f$ en A.

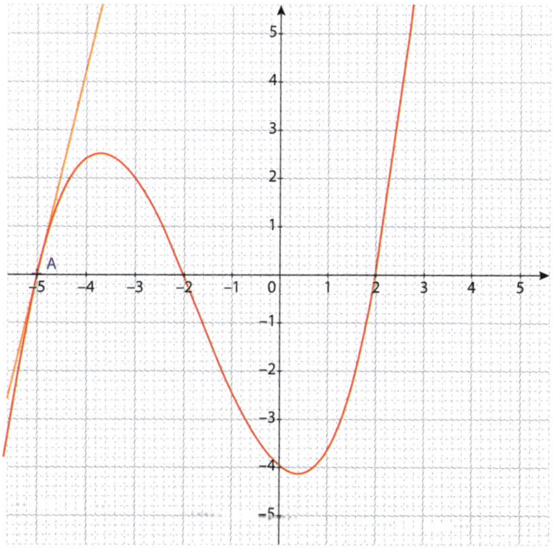

....

....

17. Soit f une fonction dont on donne sa courbe représentative. Déterminer graphiquement $f'(1)$.

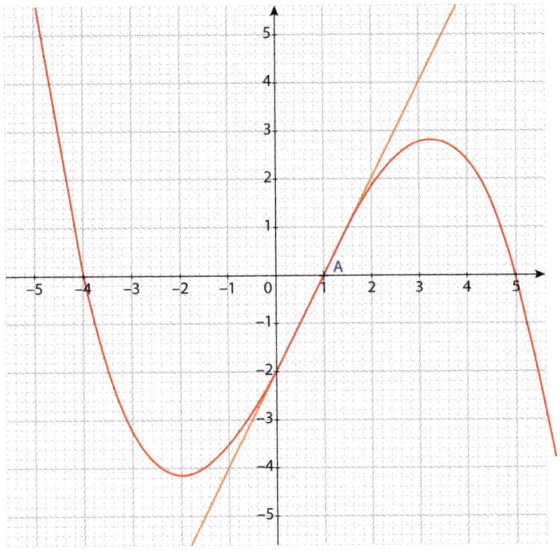

....

....

18. Soit f une fonction dont on donne sa courbe représentative. Déterminer graphiquement le coefficient directeur de la tangente à $\mathcal{C}_f$ en A.

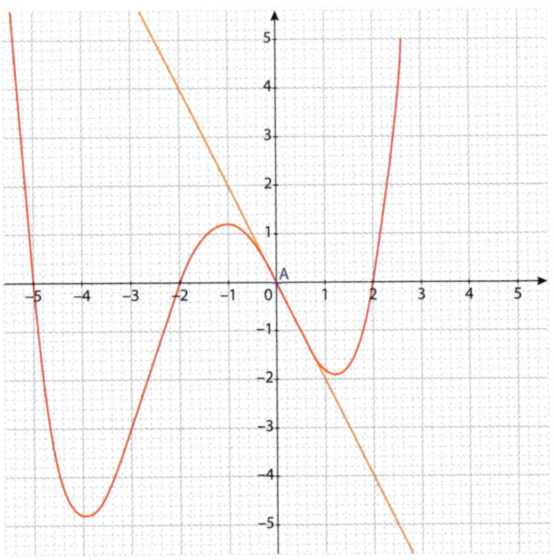

....

....

19. Soit f une fonction dont on donne sa courbe représentative. Déterminer graphiquement $f'(0)$.

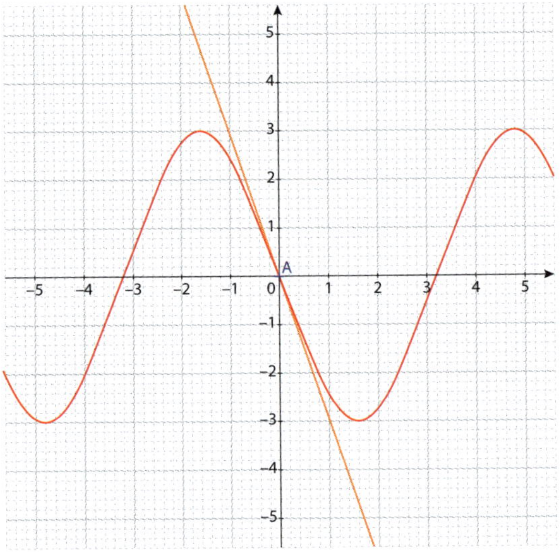

....

....

20. Soit f une fonction dont on donne sa courbe représentative. Déterminer graphiquement le coefficient directeur de la tangente à $\mathcal{C}_f$ en A.

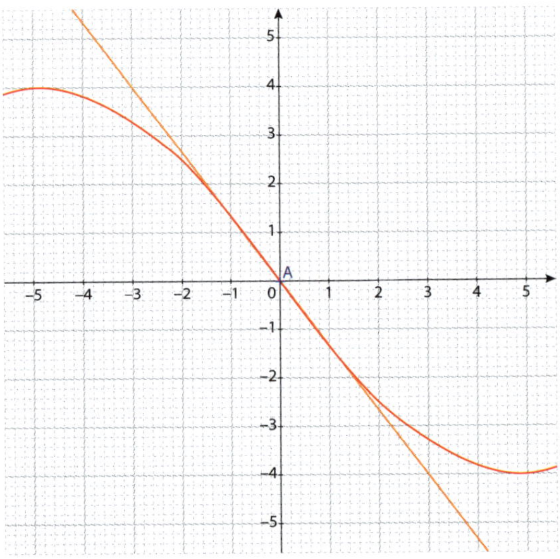

....

....

9 BILAN INTERMÉDIAIRE • CHAPITRE 5

Pour les questions 1 à 7, on utilise la courbe représentative d'une fonction f tracée sur le graphique suivant.

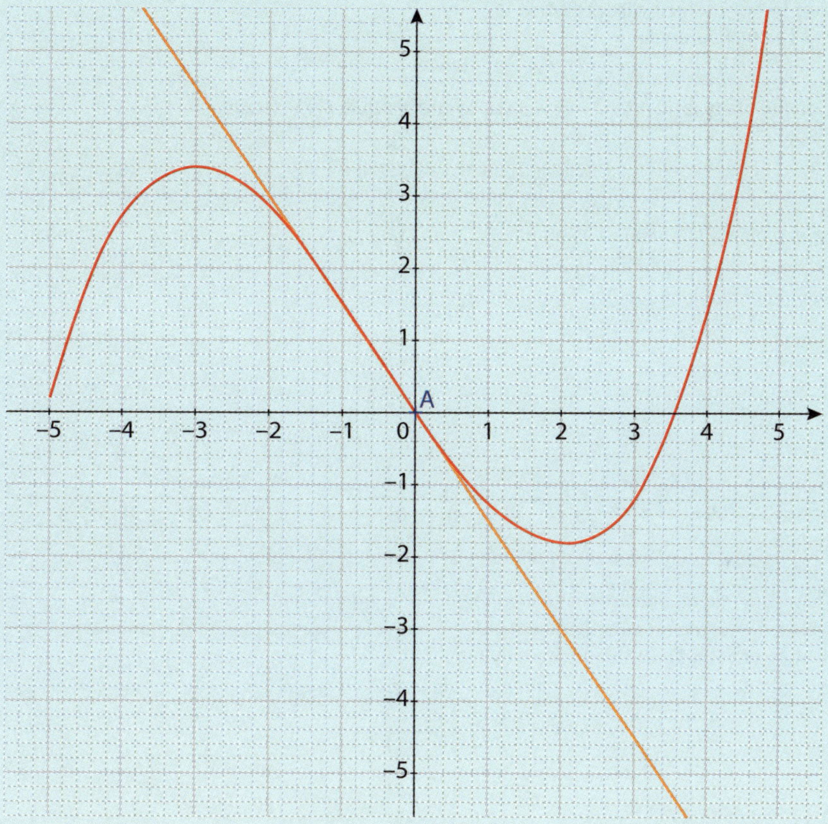

01 Graphiquement, l'image de **3,2** est égale à	
02 Graphiquement, le(s) antécédent(s) de **3** est (sont)	
03 Graphiquement, l'équation $f(x) = 3,4$ a pour solution $\mathcal{S} =$	
04 Graphiquement, l'inéquation $f(x) < 4$ a pour solution $\mathcal{S} =$	
05 Dresser le tableau de variations de f.	

06 Donner le tableau de signes du polynôme $P(x) = -2(x+3)(x-4)$.

07 Déterminer le coefficient directeur de la tangente à la courbe en A.

08 Tracer la droite d'équation $y = -4x + 3$ sur le graphique ci-dessous.

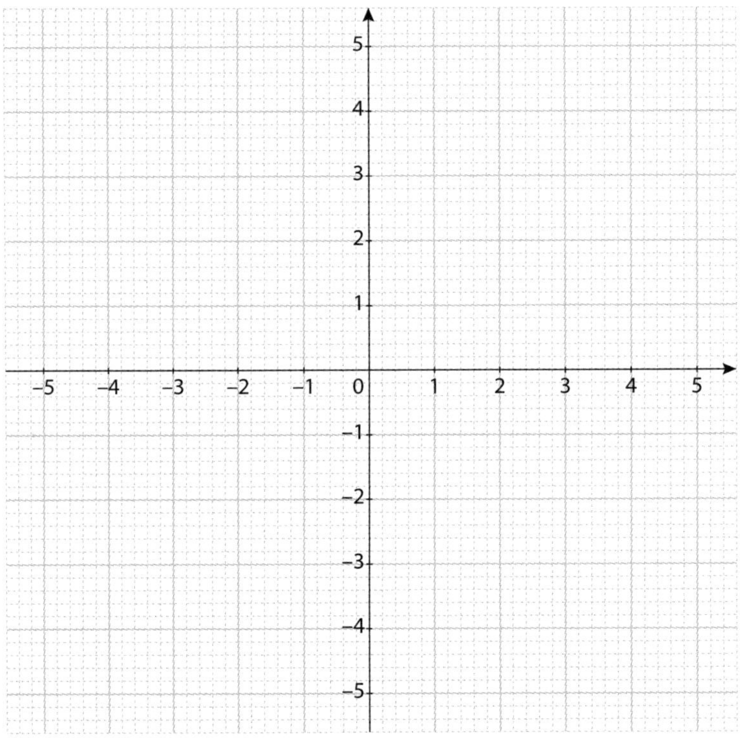

09 Le point $M\left(-\frac{1}{3};2\right)$ appartient-il à la droite d'équation $y = -3x + 1$? Justifier la réponse.

10 Soit $A(-4;3)$ et $B(2;-1)$. Déterminer l'équation réduite de la droite (AB).

10 BILAN INTERMÉDIAIRE • CHAPITRES 1 À 5

01	Dans un lycée, 60 % des élèves sont des filles. Parmi les filles, 40 % sont en filière technologique. Quelle est la proportion (en pourcentage) de filles en filière technologique dans ce lycée ?	
02	Le prix d'un article est passé de 80 € à 64 €. Quel est le pourcentage de réduction ?	
03	Un article a augmenté de 50 %, puis baissé de 20 %. Quel est le taux d'évolution (en pourcentage) équivalent à ces deux évolutions ?	
04	Un article a baissé de 20 %. Quel pourcentage faudrait-il appliquer pour revenir au prix initial ?	
05	Comparer $\frac{4}{5}$ et $\frac{6}{7}$.	
06	Écrire le nombre 123456 sous forme scientifique.	
07	Résoudre l'équation $x^2 = \frac{4}{9}$.	
08	Déterminer la dérivée de la fonction f définie par $f(x) = \frac{1}{2}x^3 - 3x^2 + \frac{5}{4}x - 1$.	

Pour les deux questions suivantes, on considère la droite $\mathcal{D}$ d'équation $y = \frac{1}{3}x - \frac{3}{4}$.

09	Déterminer l'ordonnée du point de cette droite d'abscisse 2.	
10	Déterminer l'abscisse du point de cette droite d'ordonnée égale à $\frac{1}{4}$.	

1 LIRE UN GRAPHIQUE, UN HISTOGRAMME, UN DIAGRAMME EN BARRES OU CIRCULAIRE, UN DIAGRAMME EN BOÎTE OU TOUTE AUTRE REPRÉSENTATION

- Le **nuage de points** associé à une série statistique dont le caractère est quantitatif discret est l'ensemble des points du plan ayant pour abscisse une valeur du caractère et pour ordonnée l'effectif ou la fréquence correspondant à cette valeur.

  Par exemple, le nuage de points suivant représente les effectifs des notes d'élèves à un examen. On peut y lire entre autres que 5 élèves ont eu la note de 14.

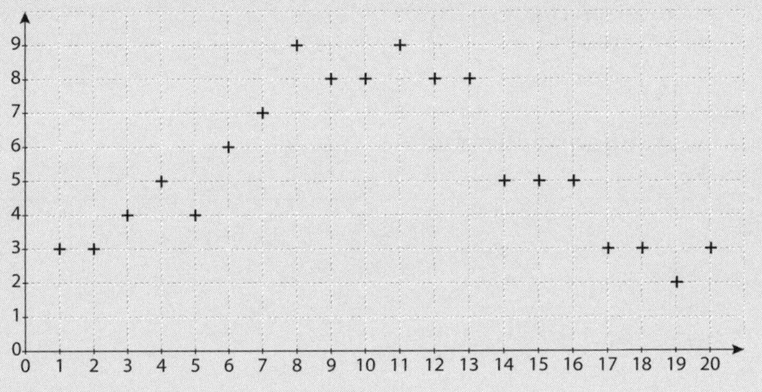

- Le **diagramme en bâtons** associé à une série statistique est un ensemble de rectangles (de largeur arbitraire) dont la hauteur représente l'effectif ou la fréquence de chaque valeur.

  Par exemple, le diagramme en bâtons suivant représente les effectifs des notes d'élèves à un examen. On peut y lire entre autres que 3 élèves ont eu la note de 17.

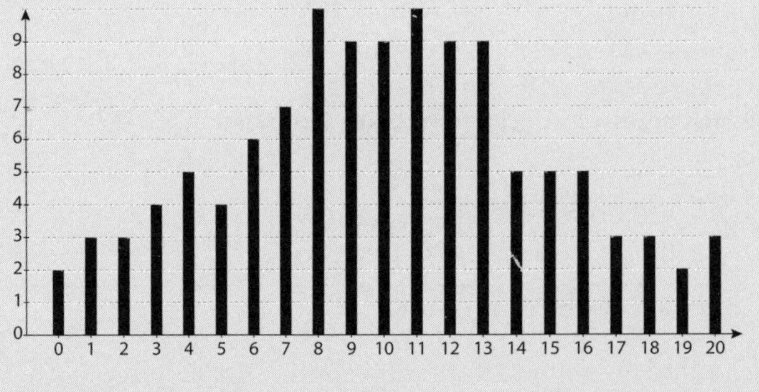

- L'**histogramme** associé à une série statistique dont le caractère est quantitatif continu est un ensemble de rectangles dont l'aire est proportionnelle à l'effectif ou à la fréquence de la valeur considérée.

  Par exemple, l'histogramme suivant représente le temps d'attente en minutes des clients d'une station-service sur une journée de forte affluence. On peut y lire entre autres que 48 % des clients ont attendu entre 2 et 5 minutes (16 lignes de 3 carreaux).

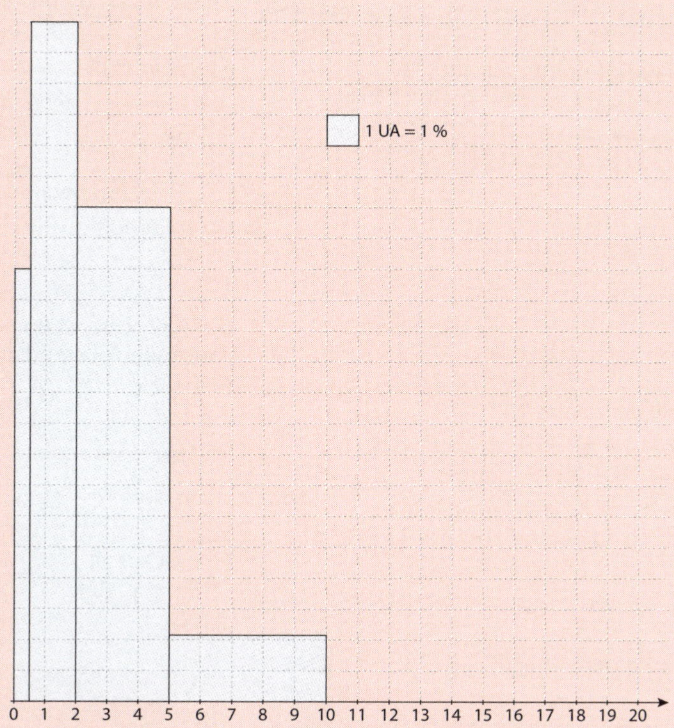

- Le **diagramme circulaire** associé à une série statistique est un disque dont chaque secteur angulaire représente une valeur du caractère et a pour mesure :

  $$\text{angle du secteur} = \frac{\text{effectif de la valeur}}{\text{effectif total}} \times 360 = \text{fréquence de la valeur} \times 360.$$

  Par exemple, le diagramme circulaire ci-contre représente la répartition des ventes de voitures neuves dans une région sur une année. On peut y lire entre autres que la marque BMW représente 25 % des ventes de voitures neuves dans cette région (un quart de la surface du disque).

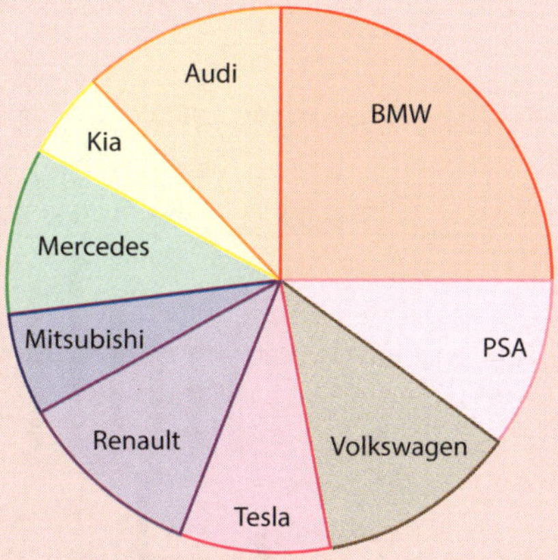

- Le **diagramme en boîte** (ou boîte à moustaches) est une représentation graphique faisant apparaître le minimum *Min*, le premier quartile Q_1, la médiane *Med*, le troisième quartile Q_3 et le maximum *Max* de la série.

  Par exemple, le diagramme en boîte suivant représente les notes d'élèves à un examen. On peut y lire entre autres que le premier quartile de cette série est 7 (c'est-à-dire qu'au moins 25 % des élèves ont eu une note inférieure ou égale à 7).

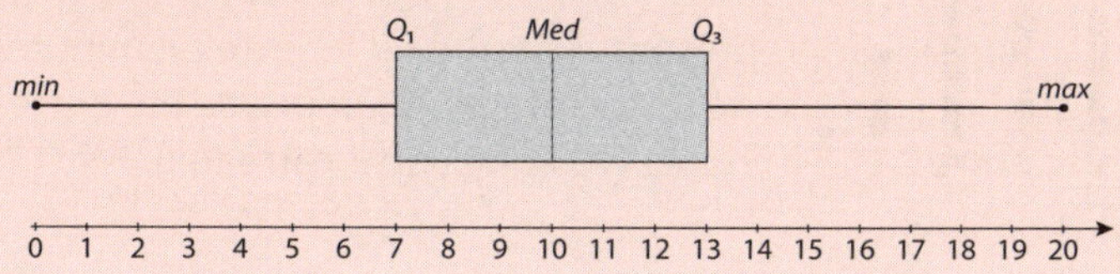

PAS À PAS

01. On considère le nuage de points suivant :

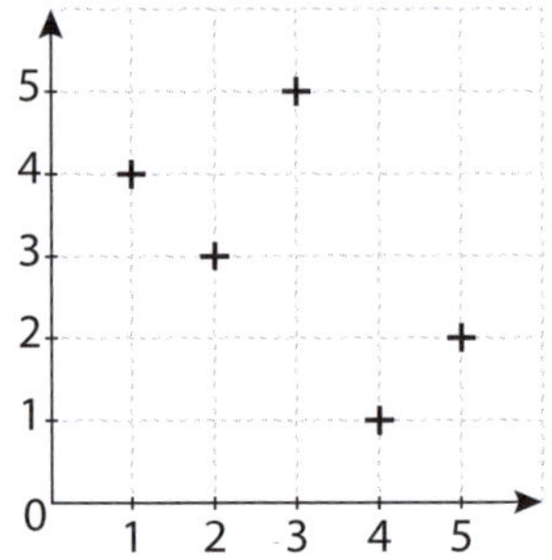

Calculer la moyenne de la série.

a. On commence par lire les effectifs de chaque valeur sur l'axe des ordonnées.

Ainsi, pour lire l'effectif de la valeur 1, il suffit de lire l'ordonnée du point d'abscisse 1, etc.

Par conséquent, la valeur 1 a pour effectif ...., la valeur 2 a pour effectif ...., la valeur 3 a pour effectif ...., la valeur 4 a pour effectif .... et la valeur 5 a pour effectif ....

b. On en déduit que l'effectif total est égal à : ....

c. On peut désormais calculer la moyenne :

$$\frac{1 \times \ldots + 2 \times \ldots + 3 \times \ldots + 4 \times \ldots + 5 \times \ldots}{\ldots\ldots} = \ldots\ldots\ldots$$

02. On considère le diagramme en barres suivant :

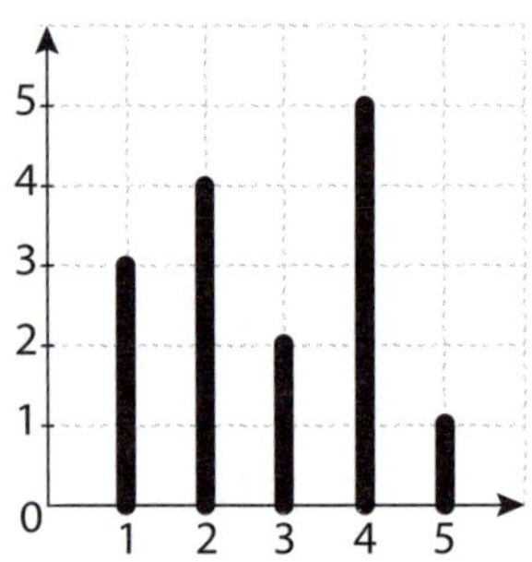

Calculer la médiane de la série.

a. On commence par lire les effectifs de chaque valeur sur l'axe des ordonnées : la valeur 1 a pour effectif ...., la valeur 2 a pour effectif ...., la valeur 3 a pour effectif ...., la valeur 4 a pour effectif .... et la valeur 5 a pour effectif ....

b. On en déduit que l'effectif total est égal à : ....

c. L'effectif total est un nombre impair. Par conséquent, la médiane est la valeur centrale de la série.

Ici, *Med* = ...

03. On considère l'histogramme suivant :

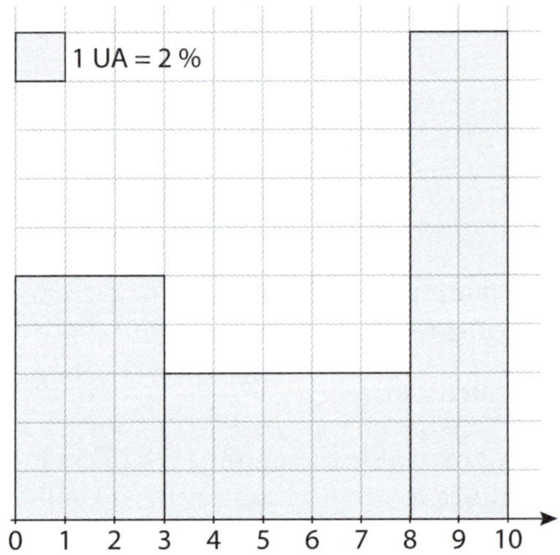

Quelle est la fréquence de la classe $[3;8]$?

a. On commence par relever l'unité d'aire. Ici, un carreau représente :

.... %.

b. Ensuite, on considère la classe $[3;8]$, c'est-à-dire le rectangle dont la base correspond aux abscisses allant de 3 à 8.

c. Ce rectangle est composé de .... carreaux.

d. Comme chaque carreau représente :

.... %

On en déduit que la fréquence de la classe $[3;8]$ représente :

.... × .... = ... %.

04. On considère le diagramme circulaire suivant :

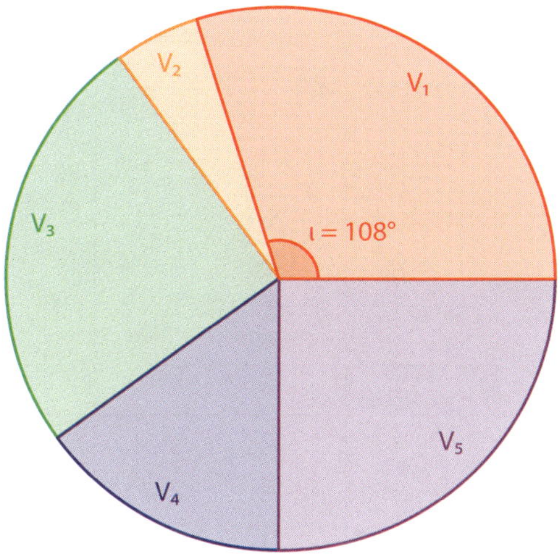

Calculer la fréquence de la valeur V_1 en pourcentage.

a. On commence par relever la mesure de l'angle correspondant à la valeur

V_1 : ....

b. Ensuite, on utilise la relation : angle du secteur = fréquence de la valeur × 360 ⇔

fréquence de la valeur $= \dfrac{\text{angle du secteur}}{360}$.

c. On a donc : fréquence de la valeur =

$\dfrac{\dots}{360}$ = ... soit ....%.

05. On considère le diagramme en boîte suivant :

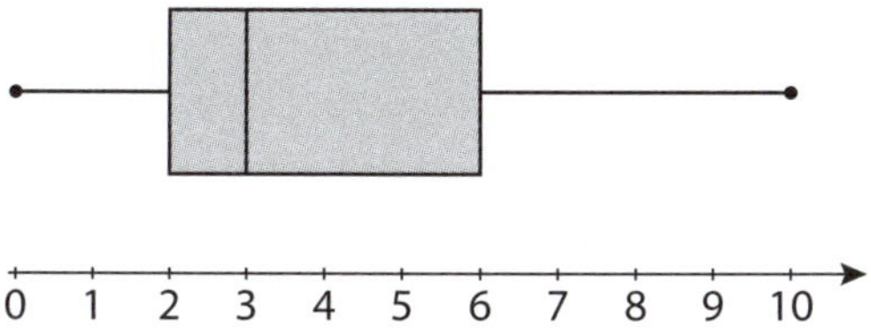

Déterminer l'écart interquartile de la série.

a. L'écart interquartile de la série est la différence entre le troisième quartile et le premier quartile.

À l'aide du rappel de cours, on peut identifier les quartiles sur le diagramme (les abscisses des bords de la boîte).

Ici, Q_1 = ... et Q_3 = ...

b. L'écart interquartile est donc égal à :

.... – .... = ...

À VOUS DE JOUER

Pour les sept questions suivantes, on s'intéresse au nuage de points ci-dessous.

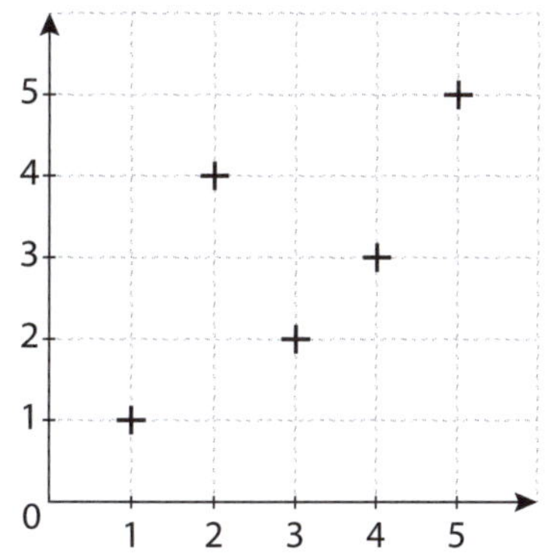

06. Déterminer l'effectif de la valeur 1.

....

07. Déterminer l'effectif de la valeur 2.

....

08. Déterminer l'effectif de la valeur 3.

....

09. Déterminer l'effectif de la valeur 4.

....

10. Déterminer l'effectif de la valeur 5.

....

11. Calculer l'effectif total de la série.

....

....

12. Déterminer la moyenne de la série à 10^{-1} près.

....

....

Pour les sept questions suivantes, on s'intéresse au diagramme en barres ci-dessous.

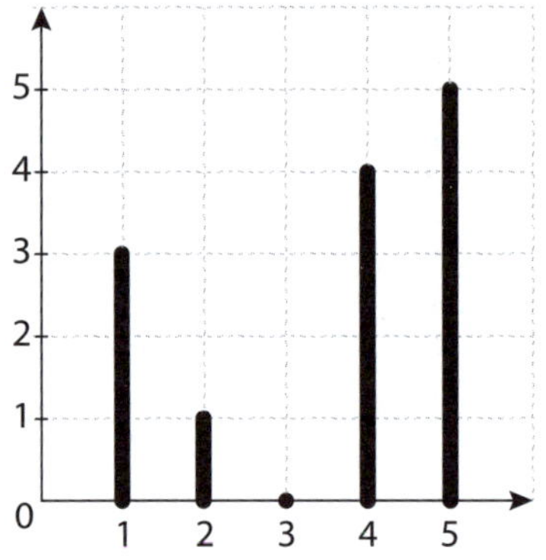

13. Déterminer l'effectif de la valeur 1.

....

14. Déterminer l'effectif de la valeur 2.

....

15. Déterminer l'effectif de la valeur 3.

....

16. Déterminer l'effectif de la valeur 4.

....

17. Déterminer l'effectif de la valeur 5.

....

18. Déterminer l'effectif total de la série.

....

....

19. Calculer la médiane de la série.

....

....

Pour les quatre questions suivantes, on s'intéresse à l'histogramme ci-dessous.

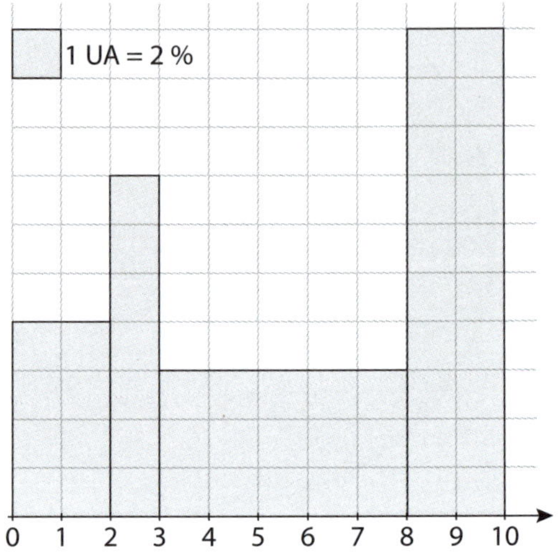

20. Déterminer la fréquence de la classe $[0;2[$.

....

....

21. Déterminer la fréquence de la classe $[2;3[$.

....

....

22. Déterminer la fréquence de la classe $[3;8[$.

....

....

23. Déterminer la fréquence de la classe $[8;10[$.

....

....

Pour les sept questions suivantes, on s'intéresse au diagramme circulaire ci-dessous.

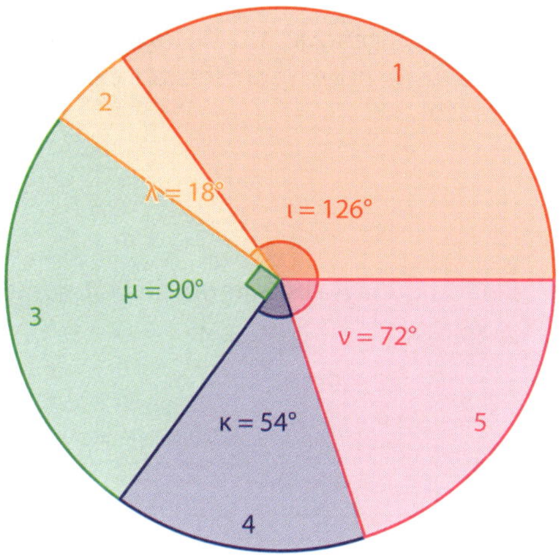

24. Déterminer la fréquence de la valeur 1.

....

25. Déterminer la fréquence de la valeur 2.

....

26. Déterminer la fréquence de la valeur 3.

....

27. Déterminer la fréquence de la valeur 4.

....

28. Déterminer la fréquence de la valeur 5.

....

29. Déterminer la moyenne de la série à partir des fréquences (écrire le calcul).

....

....

30. Déterminer la moyenne de la série à partir des mesures des angles (écrire le calcul).

....

....

....

Pour les sept questions suivantes, on s'intéresse au diagramme en boîte ci-dessous

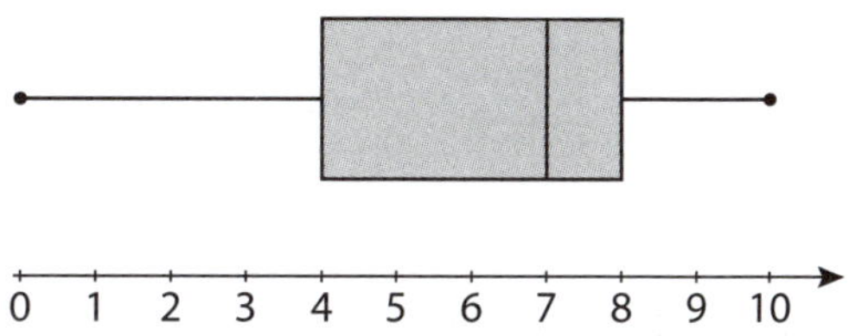

31. Déterminer le troisième quartile de la série.

....

32. Déterminer la médiane de la série.

....

33. Déterminer le minimum de la série.

....

34. Déterminer le premier quartile de la série.

....

35. Déterminer le maximum de la série.

....

36. Déterminer l'étendue de la série (c'est-à-dire la différence entre son maximum et son minimum).

....

....

....

37. Déterminer l'écart interquartile de la série.

....

....

....

2 PASSER DU GRAPHIQUE AUX DONNÉES ET VICE-VERSA

Pour les rappels de cours, se référer à l'automatisme « Lire un graphique, un histogramme, un diagramme en barres ou circulaire, un diagramme en boîte ou toute autre représentation » p. 138.

POUR BIEN DÉMARRER

01. On considère la série statistique suivante :

Valeurs	1	2	3	4	5
Effectifs	3	1	4	5	2

Réaliser le nuage de points associé à cette série.

Les points à placer ont pour abscisse la valeur du caractère et pour ordonnée l'effectif correspondant.

a. On place donc les points de coordonnées

(1 ;3),(2 ;......),(......;......),(......;......),(......;......).

b. On a donc le nuage de points suivant :

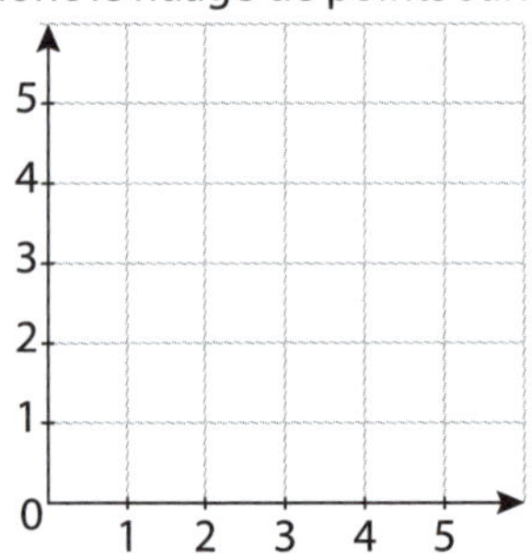

02. On considère la série statistique suivante :

Valeurs	16	18	21	24	25
Fréquences	0,35	0,15	0,2	0,25	0,05

Réaliser le diagramme en bâtons associé à cette série.

a. Chaque « bâton » a une hauteur correspondant à la fréquence.

Le bâton '16' a une hauteur égale à ....

Le bâton '18' a une hauteur égale à ....

Le bâton '21' a une hauteur égale à ....

Le bâton '24' a une hauteur égale à ....

Le bâton '25' a une hauteur égale à ....

b. On a donc le diagramme en bâtons suivant :

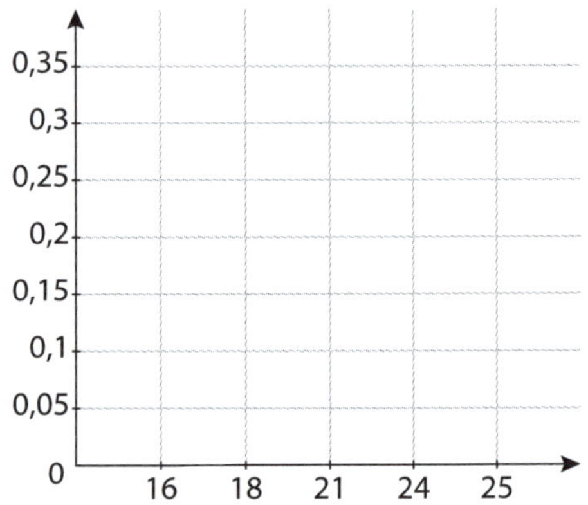

03. On considère la série statistique suivante :

Valeurs	$[0;3[$	$[3;5[$	$[5;6[$	$[6;10[$
Fréquences	0,15	0,40	0,25	0,2

Réaliser l'histogramme associé à cette série.

a. On constate sur le graphique donné à la question **d.** que l'unité d'aire est 1 carreau = 5 %.

On commence par calculer le nombre de carreaux pour le rectangle de chaque classe. Par exemple, pour la classe $[3;5[$, la fréquence est égale à 0,40, soit 40 %, ce qui représente $\frac{40}{5} = 8$ carreaux.

On complète alors le tableau :

Valeurs	$[0;3[$	$[3;5[$	$[5;6[$	$[6;10[$
Fréquences	0,15	0,40	0,25	0,2
Carreaux	....	8	....	....

b. Ensuite, on calcule la longueur de la base de chaque rectangle : elle est égale à l'amplitude de la classe. Par exemple, l'amplitude de la classe $[3;5[$ est égale à $5-3=2$.

On complète alors le tableau :

Valeurs	$[0;3[$	$[3;5[$	$[5;6[$	$[6;10[$
Fréquences	0,15	0,40	0,25	0,2
Carreaux	....	8	....	....
Base	....	2	....	....

c. Enfin, on cherche la hauteur de chaque rectangle grâce à la relation $\text{aire} = \text{base} \times \text{hauteur} \Leftrightarrow \text{hauteur} = \dfrac{\text{aire}}{\text{base}}$.
Par exemple, pour la classe $[3;5[$, la hauteur est égale à $\dfrac{8}{2} = 4$.

On complète alors le tableau :

Valeurs	$[0;3[$	$[3;5[$	$[5;6[$	$[6;10[$
Fréquences	0,15	0,40	0,25	0,2
Carreaux	....	8	....	....
Base	....	2	....	....
Hauteur	....	4	....	....

d. On a donc l'histogramme suivant :

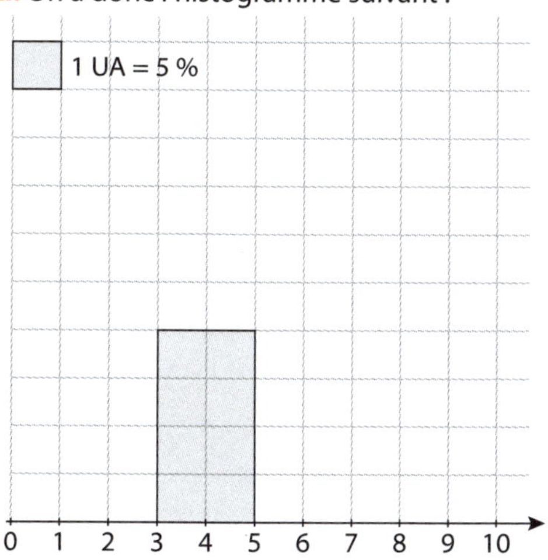

04. On considère la série statistique suivante :

Valeurs	A	B	C	D	E
Fréquences	0,2	0,15	0,1	0,25	0,3

Réaliser le diagramme circulaire associé à cette série.

a. On commence par calculer les mesures des angles à l'aide de la relation : angle du secteur = fréquence de la valeur × 360. Par exemple, pour la valeur A, on a :
angle du secteur $= 0{,}2 \times 360 = 72$.

On complète alors le tableau :

Valeurs	A	B	C	D	E
Fréquences	0,2	0,15	0,1	0,25	0,3
Angle	72°	......°	......°	......°	......°

b. On a donc le diagramme circulaire suivant :

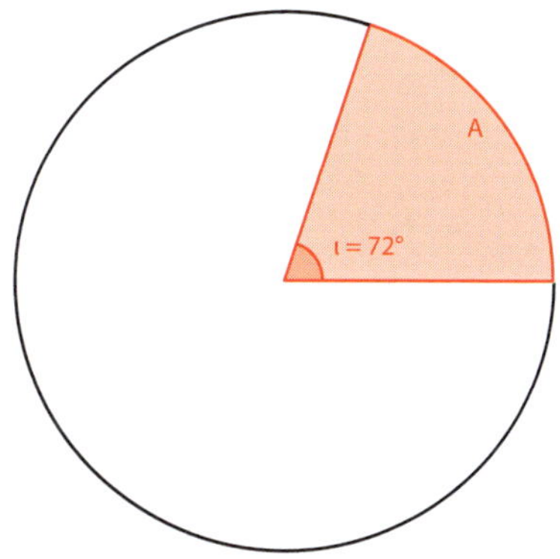

05. On considère la série statistique suivante : 8-2-4-5-7-8-2-0-2-9.

Réaliser le diagramme en boîte associé à cette série.

Pour ce faire, il faut déterminer les indicateurs statistiques : *min*, Q_1, *Med*, Q_3, *max*.

a. On commence par ranger les valeurs dans l'ordre croissant :

......-......-......-......-......-......-......-......-......-......

b. On obtient de manière immédiate :

min = ... et *max* = ...

c. Pour les quartiles, on calcule le quart (respectivement les trois-quarts) de l'effectif total. On arrondit à l'entier immédiatement supérieur si besoin et on obtient alors les quartiles comme étant les valeurs correspondantes dans la série (rangée dans l'ordre croissant). On a donc :

Q_1 = ... et Q_3 = ...

d. Pour la médiane, comme l'effectif total est un nombre pair, elle correspond à la moyenne des deux valeurs centrales.

Donc, *Med* = ...

e. On a donc le diagramme en boîte suivant :

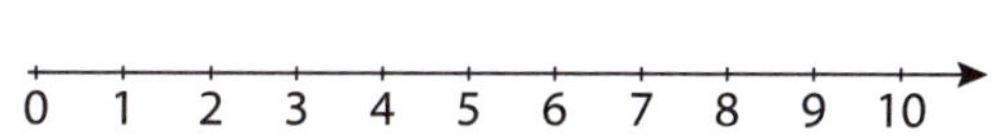

À VOUS DE JOUER

06. Établir le tableau des effectifs associé au nuage de points suivant :

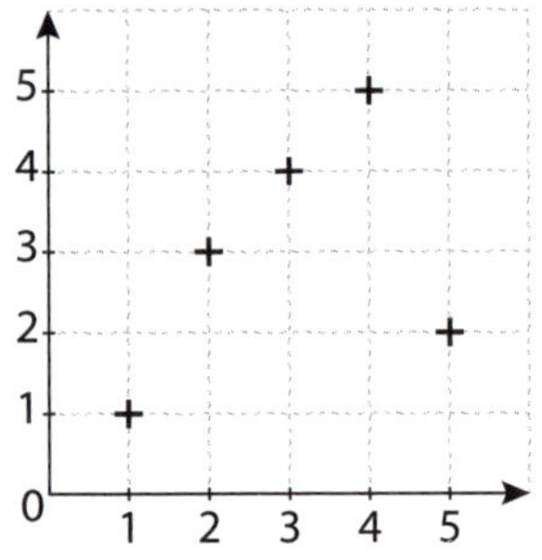

Valeurs	
Effectifs	

07. Réaliser le nuage de points associé à la série statistique suivante :

Valeurs	1	2	3	4	5
Effectifs	4	3	5	1	2

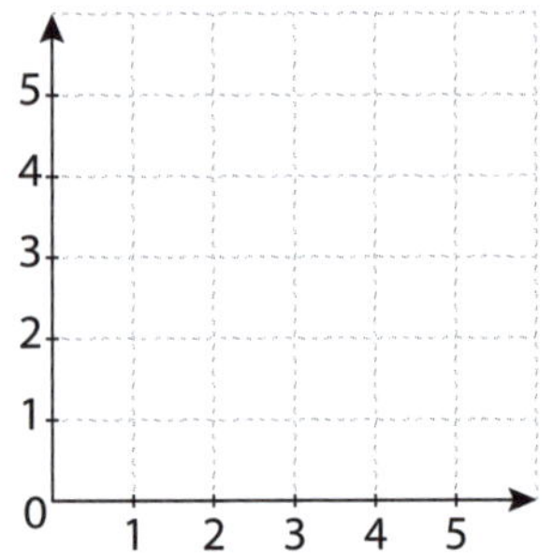

08. Établir le tableau des effectifs associé au diagramme en bâtons suivant :

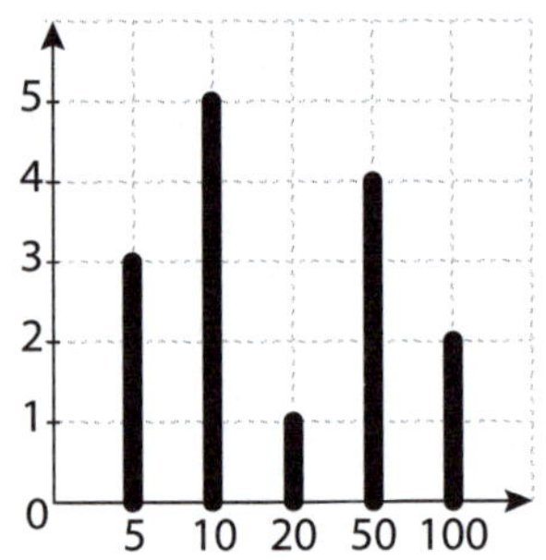

Valeurs	
Effectifs	

09. Réaliser le diagramme en bâtons associé à la série statistique suivante :

Valeurs	0,01	0,02	0,05	1	2
Effectifs	3	4	2	5	1

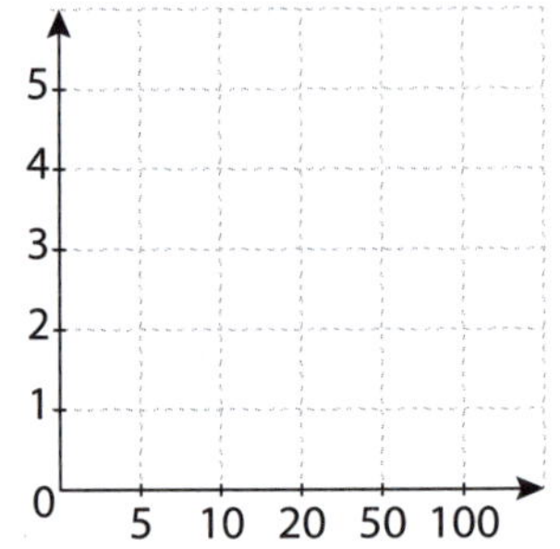

10. Établir le tableau des fréquences associé à l'histogramme suivant :

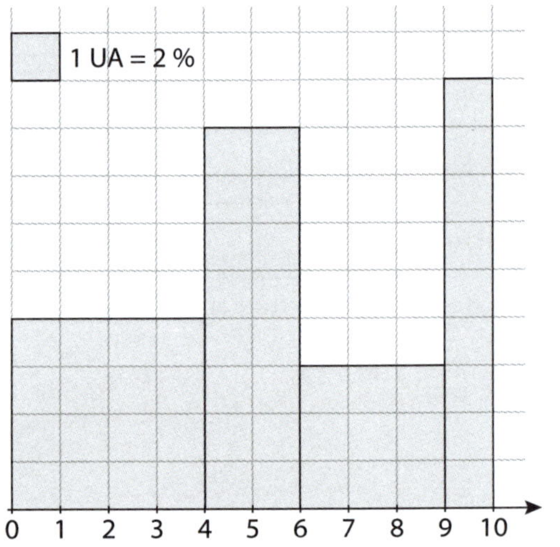

Valeurs	
Fréquences (en %)	

11. Réaliser l'histogramme associé à la série statistique suivante :

Valeurs	[0;1[	[1;5[	[5;8[	[8;10[
Fréquences (en %)	8	24	36	32

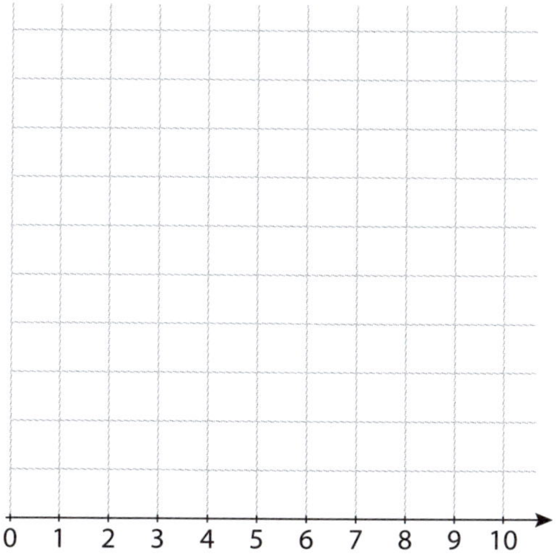

12. Établir le tableau des fréquences associé au diagramme circulaire suivant :

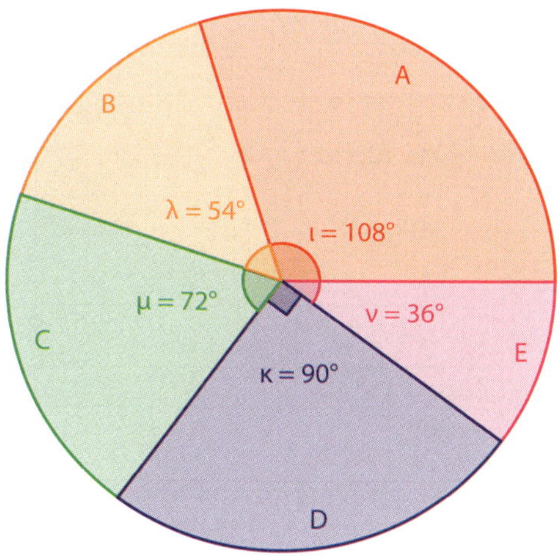

Valeurs	
Fréquences (en %)	

13. Réaliser le diagramme circulaire associé à la série statistique suivante :

Valeurs	A	B	C	D	E
Fréquences	0,4	0,1	0,35	0,05	0,1

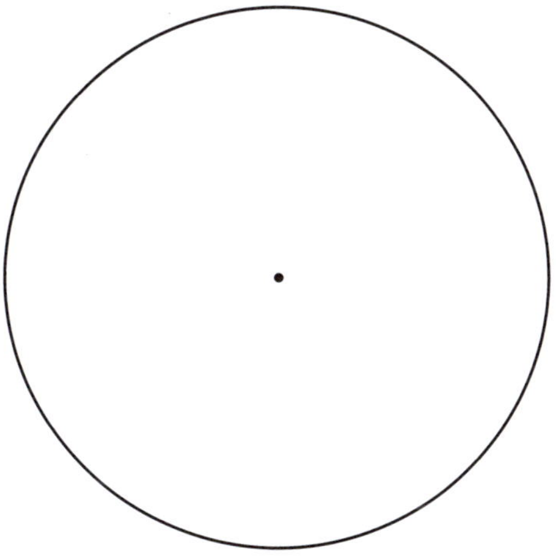

14. Établir la liste des données obtenues grâce au diagramme en boîte suivant :

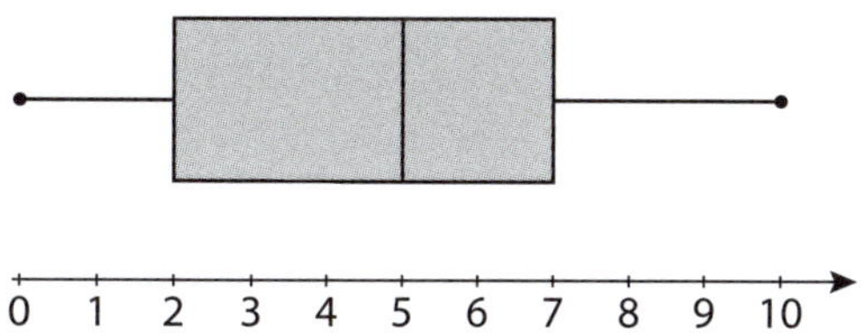

....

....

....

15. Réaliser le diagramme en boîte associé à la série statistique suivante :
9-6-9-1-5-4-7-0-6-7.

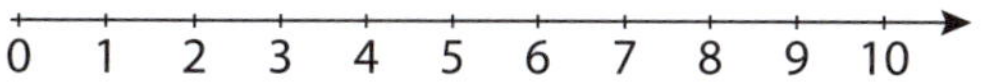

11 BILAN INTERMÉDIAIRE – CHAPITRE 6

Pour les questions 1 à 5, on considère la série statistique : 1-9-4-2-8-5-8-9-3-7.

01	Déterminer l'étendue de la série.	
02	Déterminer l'écart interquartile de la série.	
03	Calculer la moyenne de la série.	
04	Déterminer la médiane de la série.	
05	Réaliser le diagramme en bâtons associé à cette série.	

Pour les questions 6 à 10, on considère le diagramme en boîte suivant :

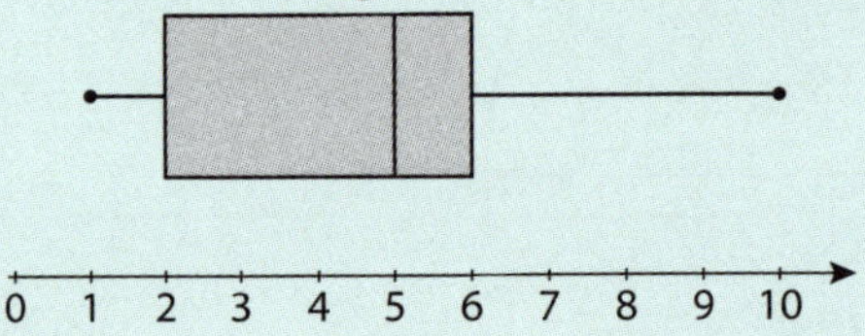

06	Déterminer la médiane de la série.	
07	Déterminer le premier quartile de la série.	
08	Déterminer le troisième quartile de la série.	
09	Quel pourcentage de la population (au moins) a une valeur inférieure ou égale à 6 et 10 ?	
10	Quel pourcentage de la population (au moins) a une valeur comprise entre 2 et 6 ?	

12 BILAN INTERMÉDIAIRE – CHAPITRES 1 À 6

01	Quelle quantité représente $\frac{1}{4}$ de 250 g de beurre ?	
02	Après remise de 15 %, une voiture est vendue à 17 000 €. Déterminer le prix initial de la voiture.	
03	Un article augmente de 10 %, puis de 20 %. Déterminer le taux d'évolution global en pourcentage.	
04	Comparer $\frac{2}{3}$ et $\frac{3}{5}$.	
05	Quel est l'ordre de grandeur de 6 704 989 ?	
06	Dresser le tableau de signes de $-2x+4$ sur $\mathbb{R}$.	
07	Factoriser l'expression $x^2-4+x(x-2)$ le plus possible (avec x un réel).	

Pour les trois questions suivantes, on utilisera la courbe représentative d'une fonction *f* tracée sur le graphique suivant :

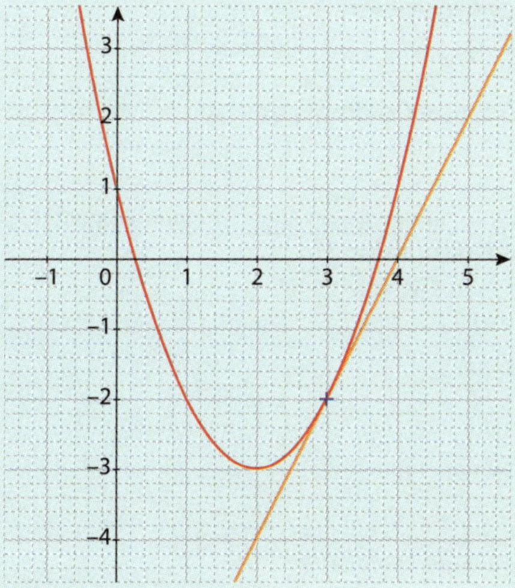

08	Lire graphiquement l'image de 2 par la fonction f.	
09	Dresser le tableau de signes de la fonction f sur $\mathbb{R}$.	
10	Déterminer graphiquement le coefficient directeur de la tangente tracée sur le graphique ci-dessus.	

1 BILAN – COMME AU BAC

01 Dans un lycée, $\frac{2}{3}$ des élèves sont demi-pensionnaires. Parmi les élèves demi-pensionnaires, 40 % sont des filles. Déterminer la proportion de filles demi-pensionnaires dans ce lycée (fraction irréductible).

02 Un loyer passe de 550 € à 561 €. Quel est le pourcentage d'augmentation ?

03 Le prix d'un article a baissé de 20 %. Quel taux d'évolution (en pourcentage) doit-on lui appliquer pour revenir au prix initial ?

04 Simplifier le plus possible $\frac{a^{-2}\times\left(a^{3}\right)^{4}}{a^{5}\times a^{-1}}$ (où a désigne un nombre réel non nul).

05 Convertir 2,24 h en heures-minutes-secondes.

06 Exprimer y en fonction de x dans l'expression $xy = x + y$ (où x et y sont des réels bien choisis).

07 Donner la dérivée de la fonction f définie par $f(x)=6x^{3}-\frac{7}{2}x^{2}+2x-7$.

08 Résoudre graphiquement l'inéquation $f(x)\leq 1$ où f est la fonction dont la courbe représentative est tracée ci-dessous :

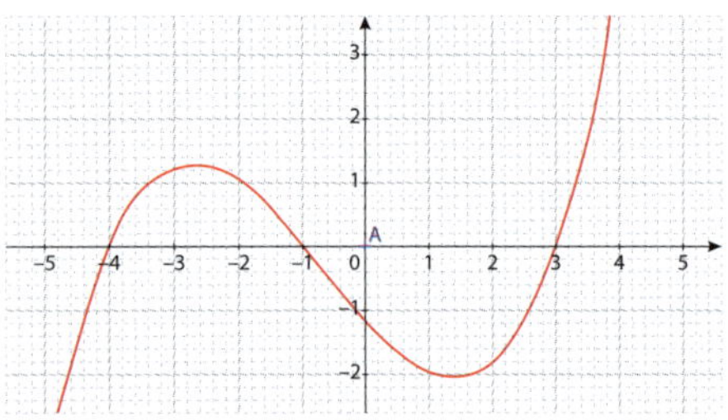

09 Le point de coordonnées $(-2;3)$ appartient-il à la courbe d'équation $y = x^{2} - x - 3$?

10 Soit $A\left(\frac{1}{2};-1\right)$ et $B(-2;-2)$ deux points du plan. Déterminer l'équation réduite de la droite (AB).

2 BILAN – COMME AU BAC

01	Quel est le coefficient multiplicateur correspondant à une baisse de 3 % ?	
02	L'indice base 100 d'une quantité est passé à 135 un an plus tard. Quel est le taux d'évolution correspondant en pourcentage ?	
03	Le nombre d'habitants dans une commune augmente de 2 % par an. Soit (u_n) la suite modélisant le nombre d'habitants dans cette commune. Déterminer la nature et la raison de cette suite.	
04	Écrire 5 658,3685 sous forme scientifique.	
05	Résoudre l'équation $x^2 = \frac{2}{5}$.	
06	L'énergie cinétique (en joules J) d'un point matériel de masse m (en kg) se déplaçant à une vitesse v (en m/s) est donnée par la formule : $E = \frac{1}{2}mv^2$. Déterminer la vitesse (en m/s) d'un point matériel de masse 800 g dépensant une énergie de 500 J. Arrondir à l'entier.	
07	On considère une fonction f dont la dérivée est définie par $f'(x) = \frac{2}{x-3}$. Calculer le coefficient directeur de la tangente à la courbe représentative de la fonction f au point d'abscisse $\frac{1}{4}$.	

08 Dresser le tableau de signes de l'expression $-2(x+3)(x-4)$.

09 Lire graphiquement l'équation réduite de la droite tracée ci-contre :

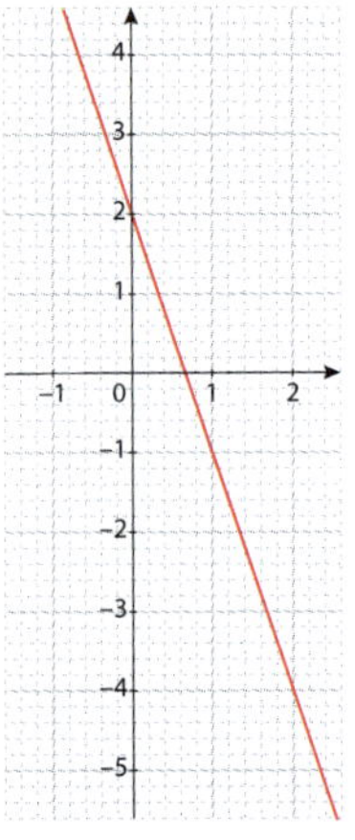

10 On considère la série statistique : 7-6-3-7-9-0-5-4-9-2. Réaliser le diagramme en boîte associé à cette série.

3 BILAN – COMME AU BAC

01	Écrire $\frac{13}{20}$ sous forme décimale et sous la forme d'un pourcentage.	
02	Un article augmente de 20 % puis baisse de 30 %. Quelle évolution globale en pourcentage a-t-il subi ?	
03	Mettre sous la forme d'une fraction irréductible l'expression $\frac{1}{2}-5\times\frac{4}{3}$.	
04	Donner l'ordre de grandeur de $567{,}3 \times 10^5$.	
05	Développer et réduire l'expression suivante : $(x+2)^2-(x-5)$.	
06	Donner les solutions réelles de l'inéquation : $6x + 2 > -3x + 13$.	

Pour les questions suivantes, on a représenté ci-dessous la courbe d'une fonction *f* définie sur $\mathbb{R}$ ainsi que l'une de ses tangentes.

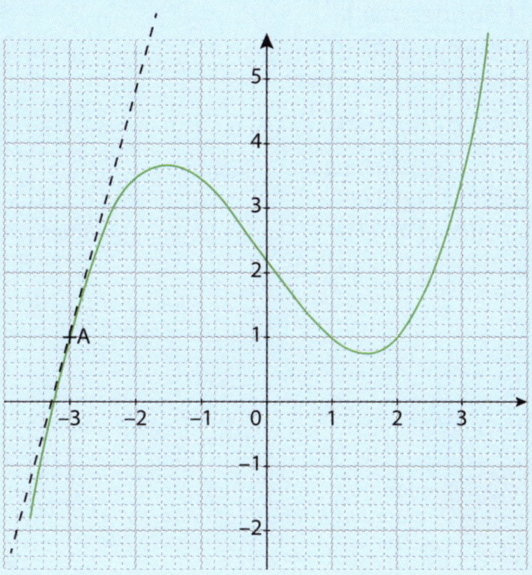

07	Déterminer $f(-2)$.	
08	Déterminer $f'(3)$.	
09	Déterminer les antécédents éventuels de 1 par *f*.	
10	Tracer dans le même repère la droite d'équation $y = -0{,}5x + 4$.	

4 BILAN – COMME AU BAC

01 J'ai actuellement 1 250 € sur un compte en banque. Je vais dépenser 15 % de cette somme.
Combien cela représente-t-il ?

02 Après une augmentation de 20 %, un polo coûte 51 €.

Quel était son prix avant la hausse ?

03

Année	**2010**	**2015**	**2020**
Salaire	2 200		3 800
Indice	100	115	

Quel était le salaire en 2015 ?

04 Quel était l'indice en 2020 ?

05 Factoriser l'expression $9x^2 - \frac{4}{25}$.

06 Déterminer sur $\mathbb{R}$ le signe de $7 - 5x$.

07 L'aire A d'un carré en m^2 est donnée par la formule $A = c^2$ où c est la longueur d'un côté exprimée en m.

Déterminer l'aire d'un carré en m^2 sachant que $c = 80$ cm.

08 Dans une boutique, nous avons relevé le nutriscore de **120** produits alimentaires :

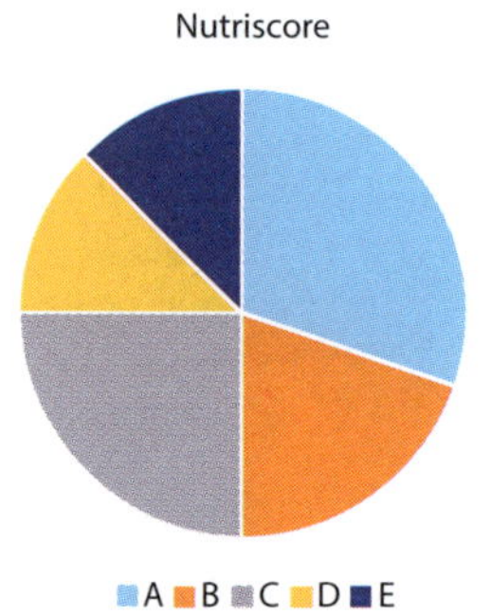

Il y a 30 % de produits avec un nutriscore E.
Combien de produits cela représente-t-il ?

09 Le nutriscore B représente 20 % des produits.

Quelle est la mesure en degré du secteur circulaire représentant B ?

10 Les produits avec un nutriscore D et E sont déconseillés aux enfants.

Quel pourcentage représentent-ils dans cette boutique ?

5 BILAN – COMME AU BAC

01	Dans une classe de 25 élèves, 15 sont des filles et un tiers des filles fait de l'allemand. Calculer le pourcentage de filles faisant de l'allemand dans la classe.	
02	Un article vaut 15 € au 1er janvier 2020. Le prix de cet article passe à 21 € au 1er janvier 2021. Calculer l'indice du prix de cet article au 1er janvier 2021, base 100 le 1er janvier 2020.	
03	Dresser le tableau de signes de $-2x+5$ sur $\mathbb{R}$.	
04	Développer $-x(x-3)^2$.	
05	Calculer la dérivée de la fonction $P(x)=-\frac{1}{3}x^3+\frac{1}{2}x^2-\frac{1}{4}x+\frac{1}{5}$.	

Dans les questions suivantes, on considère la fonction *f* dont la courbe représentative est donnée ci-dessous :

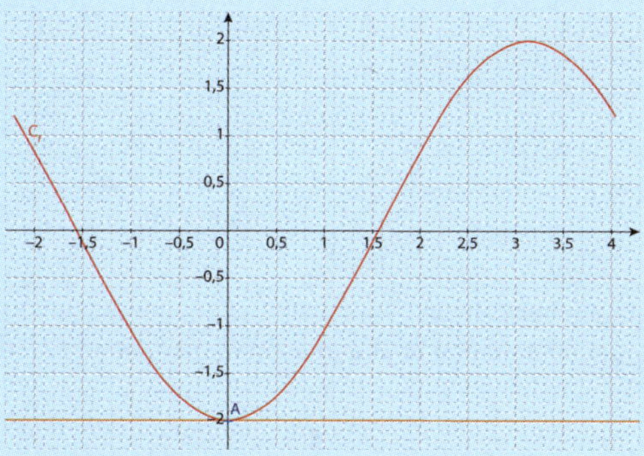

06	Déterminer graphiquement l'image de −1 par *f*.	
07	Déterminer graphiquement le(s) éventuel(s) antécédent(s) de −1 par *f*.	
08	Résoudre graphiquement l'inéquation $f(x)<1{,}5$ sur l'intervalle $[-2;4]$.	
09	Dresser le tableau de variations de *f*.	
10	Déterminer graphiquement le coefficient directeur de la tangente à la courbe au point d'abscisse 0.	

6 BILAN – COMME AU BAC

01 Quel pourcentage représentent les $\frac{3}{5}$ de la moitié d'une quantité ?	
02 Un article a augmenté de 25 %. Calculer le taux d'évolution réciproque en pourcentage.	
03 Dresser le tableau de signes de $-(x+2)(x-3)$ sur $\mathbb{R}$.	
04 Factoriser $(x-1)^2-4$.	
05 Calculer le coefficient directeur de la tangente au point d'abscisse $-\frac{1}{2}$ de la courbe représentative de la fonction f dont la dérivée est la fonction $f'(x)=-\frac{1}{x^2}$.	
06 Tracer la droite d'équation $y=-\frac{1}{3}x+2$.	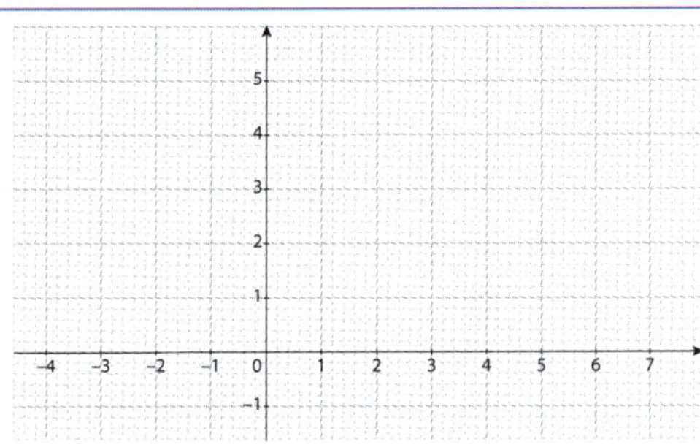

Dans les questions suivantes, on considère le diagramme en bâtons ci-dessous :

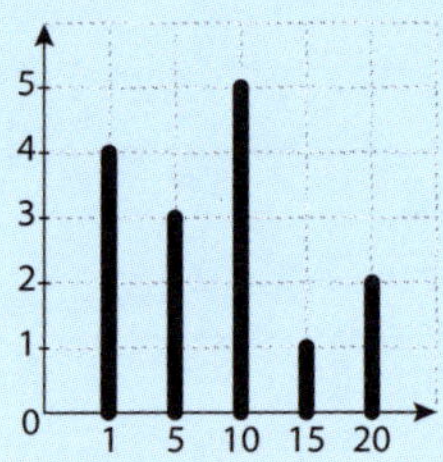

07 Calculer l'effectif total de la série.	
08 Calculer la fréquence de la valeur 5. On donnera le résultat sous la forme d'un pourcentage.	
09 Calculer la moyenne de la série. On donnera le résultat sous la forme d'une fraction irréductible.	
10 Calculer la médiane de la série.	

7 BILAN – COMME AU BAC

01 Écrire la proportion 0,056 sous forme de pourcentage.	
02 Augmenter de 1,2 %, c'est multiplier par …	
03 Une quantité augmente de 30 % puis baisse de 20 %. Quelle est l'évolution globale subie par la quantité à l'issue des deux évolutions ?	
04 Écrire sous forme de fraction irréductible le nombre : $3-\frac{1}{2}\times\frac{5}{3}$	
05 Déterminer le signe de $5-2x$ sur $\mathbb{R}$.	
06 L'aire A d'un trapèze en cm² est donnée par la formule : $A=\frac{(B+b)\times h}{2}$ Calculer A en cm² sachant que $B = 35$ mm, $b = 0{,}08$ m et $h = 4$ cm.	

Dans les questions suivantes, on considère une fonction *f* définie sur $\mathbb{R}$.
On donne ci-dessous sa représentation graphique et on a tracé sa tangente au point d'abscisse *A*(4;0).

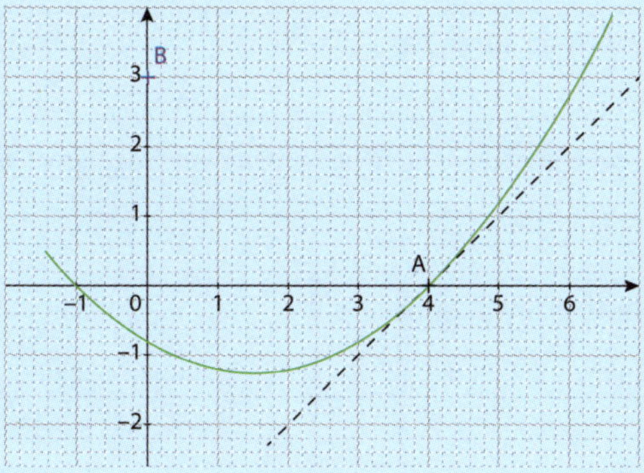

07 Déterminer le signe de $f(x)$ sur $\mathbb{R}$.	
08 Donner approximativement la valeur de $f(1)$.	
09 Déterminer graphiquement $f'(4)$.	
10 Déterminer l'équation réduite de la droite passant par $A(4;0)$ et $B(0;3)$.	

8 BILAN – COMME AU BAC

01 Je dépense le quart des deux cinquièmes de mon salaire pour payer mes impôts.

Quelle proportion de mon salaire représentent mes impôts ?

02 Après une augmentation de 20 %, une quantité coûte 180 €.

Quel est le prix d'origine de cette quantité ?

03 Calculer l'indice manquant.

Coût en euros	65	58,5
Indice	100	

04 Écrire le nombre B sous la forme 2^a ; où a est un entier relatif.

$B=\dfrac{\left(2^5\right)^3}{2^{-2}}$

05 Résoudre dans $\mathbb{R}$ l'équation $3x^2-5=x^2+3$.

06 Déterminer le tableau de signes sur $\mathbb{R}$ de la fonction f définie sur $\mathbb{R}$ par $f(x)=-3(x-2)(x+7)$.

07 Dans la formule $A=\dfrac{(B+b)\times h}{2}$, exprimer B en fonction de A, h et b.

08 On considère la fonction f définie sur $\mathbb{R}$ par : $f(x)=2x^2-5x+7$.

Déterminer $f'(-1)$.

09 Factoriser l'expression $(x-5)^2-16$.

10 Tracer la droite passant par le point A et de coefficient directeur –2.

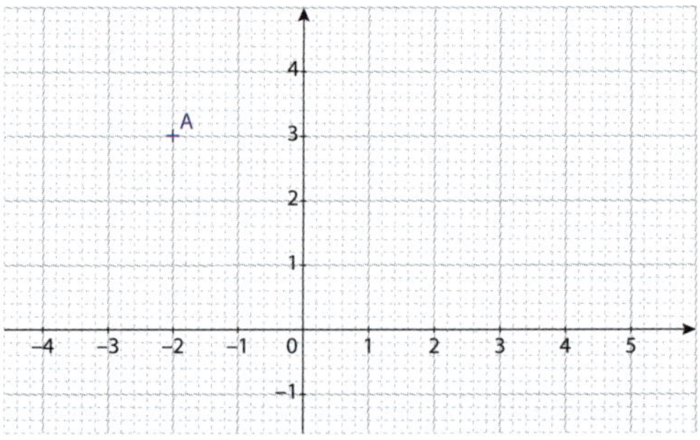

9 BILAN – COMME AU BAC

01 Un prix passe de 70 € à 87,5 €.

Quel taux d'évolution ce prix a-t-il subi ? L'exprimer en pourcentage.

02 Chaque année mon salaire mensuel est augmenté de 2 % ainsi que de 100 €.

On note u_n mon salaire mensuel la $n^{ième}$ année après le début de ma carrière. La suite (u_n) est-elle géométrique ?

03 Donner l'écriture scientifique de 345,93.

04 Résoudre dans $\mathbb{R}$ l'équation $5(x+2)=2x-3$.

05 On considère la fonction f définie sur $\mathbb{R}$ par :

$f(x)=-2x^3+\frac{7}{2}x+8$.

Déterminer $f'(x)$.

06 Factoriser l'expression $4(x-2)+(x-2)$

07

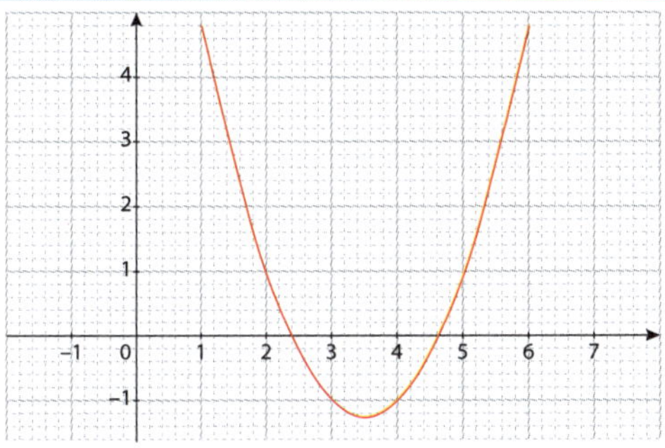

Résoudre graphiquement l'équation

$f(x)<1$.

08 Sur le graphique ci-dessus, tracer la droite d'équation $y=3-0,5x$.

09 25 élèves passent un contrôle noté sur 5 points. Le professeur a consigné les notes dans un tableau.

Note	0	1	2	3	4	5
Effectif	2	3		8	7	1

Combien d'élèves ont eu une note de 2 sur 5 ?

10 Donner la formule permettant de calculer la moyenne de la classe sur ce contrôle.

Conception maquette et couverture : Lucas Cholewa
Composition : APS-ie
Réalisation des schémas : Loïc Boureux
Fabrication : Christine Aubert

N° projet : 10271109 - Dépôt légal : février 2021
Achevé d'imprimer en février 2021 en France par l'imprimerie Clerc (18)